《弟子规》到底说什么

郭文斌 著

山东教育出版社
· 济南 ·

图书在版编目（CIP）数据

《弟子规》到底说什么 / 郭文斌著 . —济南：山东教育出版社，2021.6（2024.7重印）

ISBN 978-7-5701-1680-5

Ⅰ．①弟…　Ⅱ．①郭…　Ⅲ．①古汉语－启蒙读物②《弟子规》–研究 Ⅳ．① H194.1

中国版本图书馆 CIP 数据核字（2021）第 095260 号

《DIZIGUI》DAODI SHUO SHENME

《弟子规》到底说什么

郭文斌　著

主管单位：山东出版传媒股份有限公司

出版发行：山东教育出版社

（济南市市中区二环南路 2066 号 4 区 1 号　邮编：250003）

电　　话：（0531）82092660　传真：（0531）82092625

网　　址：sjs.com.cn

印　　刷：山东新华印务有限公司

版　　次：2021 年 6 月第 1 版

印　　次：2024 年 7 月第 3 次印刷

开　　本：889 mm×1240 mm　1/32

印　　张：5.75

字　　数：96 千

定　　价：29.00元

（如印装质量有问题，请与印刷厂联系调换）印厂电话：0531—82091306

目 录

安详视野中的《弟子规》：回"家"
——与华一欣先生对话

四种飓风把现代人带离家园。一是泛滥的欲望，二是泛滥的物质，三是泛滥的传媒，四是泛滥的速度。

泛滥的欲望抢占了人们的灵魂，泛滥的物质抢占了人们的精神，泛滥的传媒抢占了人们的眼睛，泛滥的速度抢占了人们的时间。

华一欣　郭老师，您讲过，要想提高人们的幸福指数，首先要搞清楚人们的痛苦到底是什么。在您看来，现代人最大的痛苦是什么？

郭文斌　在我看来，一是无家可归，二是找不到回家的路。

因为找不到一条回家的路，人们经历着一种从未有过的慌乱和空虚。

为了填充这种慌乱和空虚，只有以加倍的速度来掩饰，只有以拼命的忙碌来掩饰，只有以财富的积累来掩饰；好抓着速度、忙碌和财富让生命暂时逃避掉这种要命的空虚和慌乱。

生命进入巨大的两难境地：要么被速度累垮，要么被焦虑击垮。最后，速度本身又成为一种焦虑。生命的高速公路上，残骸历历。

更有一种人，因为迷失日久，他们压根就不记得还有一个家，或者压根就不相信还有一个家，也不相信有一条回家的路。

因此，他们以速度为家，以效率为家，以欲望的满足为家。利益的最大化成了他们生命的全部。

为了这个利益最大化，不少人甚至把车开到不择手段那条路上去。谁都明白，要看风景就得先把车从高速公路上开下来，但是那个刹车已经失灵。

华一欣　您的比喻非常贴切，我非常认可。那么，又是什么原因让现代人远离家园呢？

郭文斌 四种飓风把现代人带离家园。一是泛滥的欲望，二是泛滥的物质，三是泛滥的传媒，四是泛滥的速度。

泛滥的欲望抢占了人们的灵魂，泛滥的物质抢占了人们的精神，泛滥的传媒抢占了人们的眼睛，泛滥的速度抢占了人们的时间。

四种飓风之所以能够得逞，一个十分重要的原因，就是安详的缺席。

因为安详的缺失，人们一点儿免疫力都没有，一点儿办法都没有。而消除这种焦虑的唯一办法就是回家。

安详就是想给现代人指出一条回家的路，一条最近的路，一条能够让生活和回家并行不悖的路，而且是不管你现在在任何方位，都可以随时切入的路，一条适合现代人的路。

华一欣 您能不能简单介绍一下安详？

郭文斌 安详不是别的，安详正是快乐的方法论。

它让我们从伪快乐回到真快乐，从寻找快乐回到在现场打开快乐，直接享受快乐；坦然地活着，健康地活着，唯美地活着，低成本甚至是零成本地活着；喜悦着，快乐着，幸福着，满足着；同时又是高质量地活着。

换句话说，安详是一种不需要条件作保障的快乐，如果一种快乐它还需要条件，那就不是安详。安详和快乐一体两面，就像我们拿到了一张一百元钱的正面，那么就意味着我们同时拿到了它的背面。

快乐是生命的意义，也是生命无上的尊严。如果一个人从孝敬中体会不到快乐，那么孝敬就无法深入；如果一个人从尊师中体会不到快乐，那么尊师重道的倡导就会成为一纸空文；如果一个人从奉献中体会不到快乐，那么奉献就会成为一种作秀……

追求快乐是人的本能，要让一个孩子不学坏就要让他找到比学坏更快乐的东西。

我孝敬是因为我快乐，我尊师是因为我快乐，我学习是因为我快乐，我环保是因为我快乐，我奉献是因为我快乐，我诵读是因为我快乐，我安详是因为我快乐。

这既是生命的意义所在，也是道德的意义所在。否则，道德就有可能是一种虚伪和欺骗，学问就有可能是一种虚伪和欺骗，生命就有可能是一种虚伪和欺骗。

华一欣　安详那么重要吗？

郭文斌　如果我们和安详错过，就是和喜悦错过，和时间错过，最终和生命错过，生命就成了一个大大的亏损。

不管我们绘制多么宏伟的蓝图，从事多么伟大的事业，如果属于喜悦的账面上只出不进，那么我们肯定在和生命错过。

现代人的共同体会是离幸福越来越远，却不知从欲望中寻找幸福犹如缘木求鱼，用物质解决心灵疾患犹如拿油灭火。

刺激欲望不但不会解决我们的心灵饥渴，反而会火上浇油，只有水一般纯净的安详才能真正浇灭燃烧在人们心头的火焰。

一列列车，在安全的前提下，如果方向正确，速度越快越好；假如相反，越快越糟糕。细节决定成败，方向更加决定成败。生命的绚烂和精彩，快乐和幸福，固然来自细节，更来自一个正确的方向。

对于生命来说，安详既是目的，又是方向。

华一欣　那么，您说的安详与传统蒙学读物《弟子规》又有什么内在关系呢？

郭文斌　肯定有啊。如果一个人向外寻找幸福，恐怕生生世世也找不到。

现代人犯的一个最大的错误是，本身开着幸福的车子却满世界寻找幸福，最后把车子都开爆了，还不知道幸福是什么。

当一个人内心存有安详，仅仅从一餐一饮、半丝半缕中，就可以感受到世界上最大的幸福。否则，即使拥有全世界，也可能和幸福无缘。

因此，安详既能给富人提供心灵着陆，又能给穷人提供心灵温暖。

中华民族的古传统是向"内"寻找幸福，因为幸福就是我们"本身"，只是我们已经习惯了向"外"看，那束天生的向"内"打量幸福的目光已经永久睡眠。

正是这种向"内"寻找幸福的文化，造就了中华民族五千多年的辉煌和灿烂，也造就了中华民族五千多年基本的社会稳定和安宁。

这，也许就是我们今天推行《弟子规》的意义所在。

《弟子规》360句，113件事，本质上是给我们提供了113个回家的入口，走进安详的入口。

安详是一条离家最近的路，又是家本身；安详是全然的喜悦，无条件的快乐；安详既是生命的方向，也是生命的目的。

让我们一同在安详中获得生命的尊严和幸福。

华一欣　那么，您是如何提出安详的？人们又是如何看待您的安详思想呢？

郭文斌　世界上每天都在发生着天灾人祸，在我看来，天灾是因为自然失去了安详，人祸是因为人心失去了安详。为此，2006年我提出了安详这个概念，并尝试着进行了一些实践。

安详旨在帮助现代人找回丢失的幸福，让人们在最朴素最平常的生活现场找到并体会生命最大的快乐。

当一个人能够回到现场，获得现场感，那么我们就会在最简单最朴素的生活中体会到最丰饶最盛大的快乐。

安详让我们进入时间，只有进入时间，人才会告别焦虑，才会告别无意义感带来的生命根本痛苦。

疾病来自安详的缺失，或者说是安详的短路。安详不在现场，就像一个人灵魂一旦离开，就要开始腐烂。安详是快乐的灵魂，也是健康的灵魂。

这些句子，或被传媒摘引，或被人们作为短信互相转发。

安详对人具有神奇的"改变"作用，在安详的影响下，不少问题学生得以改变，不少问题家庭得以改变，不少心灵疾患得以消除。领导们反映，听完有关安详的报告之后，职工会变得敬业起来，快乐起来。为此，每逢我们搞一些公益活动，那些从中受益的同志就会闻风前来做义工。一些没有安排讲座的学校，学生家长强烈要求学校邀请，为的是让自己的孩子能够听到一堂关于安详和人生根本幸福的演说。

安详之所以如此受到大家欢迎，大概是因为它正好应对了现代人最大的痛苦。

打开《弟子规》的六把钥匙

古人在开发生命本身中寻求幸福，今人在开发地球中寻求幸福，这是两个天大的差异。引导人们向内寻找幸福，是《弟子规》的功能之一。

人生之根

《论语》中有一段话，子夏问曰："'巧笑倩兮，美目盼兮，素以为绚兮'，何谓也？"子曰："绘事后素。"曰："礼后乎？"子曰："起予者商也，始可与言《诗》已矣！"

"绘事后素"，是"绘事后于素"的承前省。这个"素"，应是那个原初，即大美之洋。无论是形容的动人，还是眼神的动人，都来自那个根本的美，或者说是本体的美，当本体的美消失，一切都化为零。就像一朵再美丽的花，假如离开了根，也无法保持它的美丽。保持花的美丽的，是它的根。人也一样，保持他的美丽的，是他的"根性"。就像一幅画，保持它的美丽的是素绢。素者，没有染色的丝绸。这个"素"，显然是根性的比喻。

而教育的意义，就是让人们不要丧失根性，唯有如此，才会"巧笑倩兮，美目盼兮，素以为绚兮"。

子夏说的"礼后乎"应是"礼于素后乎"的承前省。礼也来自这个原初。对于君子来讲，礼只不过是本善的自然流露而已，只有那些还没有达到君子境界的人才需要条理化了的礼的节制。

孔子感叹地说，现在可以和你讨论《诗经》了。就是说，当一个人在没有尝到本体的甘美前，他是无法理解什么是真正的美味的。同样，一个人如果没有尝到本体的甘美，他也是无法理解《诗经》的。

事实上，我们每一个人都有一个"原初"，只不过被习气的颜色掩盖了。因此，要想绘制灿烂的图画，就得绘本素洁，只有质地优良纯净的素绢才能绘写最新最美的图画。

《弟子规》的"规"，显然是讲人的规定性，即人性。它在总体上引导着我们扎下人生之根。

人性是人的规定性，它是和天性、动物性相对存在的，是人之所以为人的一个属性。也就是人生的底色——"素"。

正是人性要求我们只能在人性规定的范围内行动，但是现在不少人却想突破人性去生活，天性够不着，就去实践动物性：以满足欲望为生活的目标，以感官享受为生命的意义，以征服自然为价值目标——把整个自然作为自己的消费对象，把一切动物作为自己的消费对象，甚至把他人作为自己的消费对象，甚至把地球作为自己的消费对象，甚至把宇宙也作为自己的消费对象。

结果呢？

答案在《庄子》里："其耆欲深者，其天机浅。"

所以《弟子规》里说：

对饮食，勿拣择；食适可，勿过则。

人们之所以拣择饮食，是因为没有找到饮食的根。

而这一切都是从"觉"的丧失开始的。

首先，一些现代人的味觉产生了错位。人类演化的研究显示，我们的祖先都是天生茹素者，人的身体结构并不适合肉食。哥伦比亚大学韩汀博士在一篇比较解剖学的论文中就证明了此论点。

他指出肉食动物的小肠和大肠都短，比如狼的肠子为身长的 3～5 倍，这是因为肉的纤维含量少，肠子不必慢慢地吸收养分。相反，人类和素食动物的大小肠都长。人类的肠子为身高的 4～5 倍。小肠来回重叠，肠襞有褶皱，所以我们吃下去的肉会在肠中久留、腐烂并产生毒素，成为结肠癌的诱因之一，同时还会给肝脏增加负荷，导致肝硬化，甚至肝癌。

此外，肉类缺乏纤维素及纤维质，容易造成便秘，进一步会导致痔疮或大肠癌。肉类中的胆固醇及饱和脂肪还会造成心脑血管疾病，而烧烤肉类所产生的化学物质更是含有致癌物。

其次，有些现代人的听觉产生了错位。"反传统音乐"的流行，就是因为有些现代人的听觉产生了错位。其实，最美的音乐大自然早给我们创造好了，那就是天籁之音。如果我们的心足够静，是能够听到世界上最美的旋律的，更不要说风声、雨声、溪声、涛声……

但是有谁平时注意过自己的心跳？有谁注意过血液在血管里流淌的声音？

庄子讲过这样一则故事：

南郭子綦靠着几案而坐，仰首向天缓缓地吐着气，那离神去智的样子真好像精神脱出了躯体。

他的学生颜成子游陪站在跟前说道："这是怎么啦？形体诚然可以使它像干枯的树木，精神和思想难道也可以使它像死灰那样吗？您今天凭几而坐，跟往昔凭几而坐的情景大不一样呢。"

子綦回答说："偃，你这个问题问得很好，今天我忘掉了自己。你知道吗？你听见过'人籁'却没有听见过'地籁'，你听见过'地籁'却没有听见过'天籁'啊！"

子游问："我冒昧地请教它们的真实含义。"

子綦说："大地吐出的气，名字叫风。风不发作则已，一旦发作，整个大地上数不清的窍孔都怒吼起来。你独独没有听过那呼呼的风声吗？山陵上陡峭峥嵘的各种去处，百围大树上无数的窍孔，有的像鼻子，有的像嘴巴，有的像耳朵，有的像圆柱上插入横木的方孔，有的像圈围的栅栏，有的像舂米的臼窝，有的像深池，有的像浅池。它们发出的声音，像湍急的流水声，像迅疾的箭镞声，像大声的呵斥声，像细细的呼吸声，像放声叫喊，像号啕大哭，像在山谷里深沉回荡，像鸟儿鸣叫叽喳，真好像前面在呜呜唱导，后面在呼呼随和。清风徐徐就有小小的和声，长风呼呼便有大的反响，迅猛的暴风突然停歇，万般窍穴也就寂然无声。你难道不曾看见风儿过处万物随风摇曳晃动的样子吗？"

子游说："地籁是从万种窍穴里发出的风声，人籁是从并列的各种不同的竹管里发出的声音。我再冒昧地向您请教什么是天籁。"

子綦说："天籁虽然有万般不同，但使它们发生和停息的都是出于自身，发动者还有谁呢？"

南郭子綦为什么会忘掉自己？是因为他听到了天籁之音。他的学生颜成子游问他究竟，他讲了一大篇，却讲的是地籁，他为什么不讲天籁？因为天籁无法描述。

而现在的情况是，人们不但丧失了欣赏天籁的能力，也丧失了欣赏地籁的能力，更为可悲的是还丧失了欣赏人籁的能力。

音乐就在耳根，但是人们已经充耳不闻。

再次，很多现代人的视觉也产生了错位。人们之所以贪"色"，是因为人们已经被眼睛掌控，事实上，眼睛已经成为现代人的主人。

看看今天的报刊，看看今天的网络，是不是很多奔着人的眼睛而来？

细想起来，色是一个假象，也是一个假想。如果我们的眼睛不存在，这个色就不存在。对于盲人来说，这个世界上只有一个美女，那就是他想象中的那一个。

如此想来，色是一个对应于眼睛的东西，如果我们把自己视为主人，那么眼睛就是守门人。人们贪色，其实是守门人玩的把戏，但最后受累的却是主人。

人们一味地追逐美色，正是因为找不到色的根本。色是阳光，但因为它的刺眼，我们常常看不到太阳本身。人们追色，正是因为已经看不到自己。

古人为了让人从色情的泥淖中出来，设计了许多方法。当我们看到一个美女，要把目光看进去，看到她的骨头上，然后目光会告诉你真相，再美的女人，真相都是一个骨架，如果不信，那你就等着瞧吧，百年之后，她会告诉你答案。可见从现象回到本质，自古就是一个大难题。

同味觉一样，我也不赞成强制戒色。一个人贪恋于色，本质上是因为他还没有品尝到"本质"的"大美"。当一个人品尝过"本质"的"大美",属于色情层面上的那个"美"会自动脱落。

事实上,色是中性的。我不反对人们欣赏美色,但不赞成人们把美色变成色情。

色情的泛滥恰恰是对美的亵渎。

所以一本《弟子规》,360 句、1080 个字、113 件事,就是讲这个"素",本质上就是在讲如何扎下人生之大根。

步从容,立端正;揖深圆,拜恭敬。

勿践阈,勿跛倚;勿箕踞,勿摇髀。

是让孩子扎下端庄和安定的根。

势服人,心不然;理服人,方无言。

是让孩子扎下"理"的根。

能亲仁,无限好;德日进,过日少。

不亲仁,无限害;小人进,百事坏。

是让孩子扎下"仁"的根。

……

由此，我们发现，《弟子规》本质上是祖先的声声唤归。

那么现代人的根在哪里呢？

答案是在安详里，但是对于很多现代人来说，安详已经尽失。"安"字的字意是女人待在家里。这是一个象征，女人在家为安，男人在家也为安，它暗示我们归位，这个"位"，就是安详。它告诉我们，人总是离开家，社会就要出问题，就要经受风雨和不测。从通常的层面来讲，父母以工作忙等诸多原因而不在家时，孩子肯定也不愿意回家。孩子不回家会到哪里去？也许会去网吧。常常出入网吧的孩子则有可能走上歧途，成为问题青年。一个家庭，当孩子成为问题青年，能安吗？一个问题青年出现，他会带其他的青年走上歧途，会让更多的家庭不安，最终会使社会不安。

现在的有些年轻人只能从欲望和刺激中体会肤浅的幸福、伪幸福，如泡影一样的转瞬即逝的幸福。正因为这种幸福是转瞬即逝的，因此人们不断地寻找，然后不断地破灭，最后只能是失望，不，是绝望。

现在的房价之所以上涨，大家找了一万条理由，但我认为最重要的一个理由没有找到，那就是人们心里没有房子了。

房价之所以高，还因为人们追求大，其实我们是不需要那么大的房子的。房子再大，一个人每晚也只占用六尺空间。

人们之所以买大房子，有时并不是生活需要，而是心理需要。

我们回想一下，当年住那种单身宿舍，既是办公室，又是卧室，又是厨房，其中留下的幸福记忆并不比大房子少。

人们之所以拼命买大房子，或许还因为已经在生命中找不到价值，房子的大小和多少成了一个价值的度量衡，成了一个人的价格标签。

因此，只要评判价值的标准一天不改变，房价就降不下来。当有一天，人们普遍认可人格，普遍爱戴人格，而不仅仅是财富，那么房价自然会回落。

从这个意义上讲，让孩子从小记住《弟子规》中：

唯德学，唯才艺；不如人，当自砺。
若衣服，若饮食；不如人，勿生戚。

行高者，名自高；人所重，非貌高。
才大者，望自大；人所服，非言大。

这就显得格外重要。

这个"貌"，不单单指相貌，还有房子、车子、票子。

这个"言"，不单单指言语，还有名誉、声闻、虚荣。

《资治通鉴》讲：

> 智伯之亡也，才胜德也。夫才与德异，而世俗莫之能辨，通谓之贤，此其所以失人也。夫聪察疆毅之谓才，正直中和之谓德。才者，德之资也；德者，才之帅也。云梦之竹，天下之劲也；然而不矫揉，不羽括，则不能以入坚。棠溪之金，天下之利也；然而不熔范，不砥砺，则不能以击疆。是故才德全尽谓之"圣人"，才德兼亡谓之"愚人"；德胜才谓之"君子"，才胜德谓之"小人"。凡取人之术，苟不得圣人、君子而与之，与其得小人，不若得愚人。何则？君子挟才以为善，小人挟才以为恶。挟才以为善者，善无不至矣；挟才以为恶者，恶亦无不至矣。愚者虽欲为不善，智不能周，力不能胜，譬如乳狗搏人，人得而制之。小人智足以遂其奸，勇足以决其暴，是虎而翼者也，其为害岂不多哉！夫德者人之所严，而才者人之所爱；爱者易亲，严者易疏，是以察者多蔽于才而遗于德。自古昔以来，国之乱臣，家之败子，才有余而德不足，以至于颠覆者多矣，岂特智伯哉！故为国为家者，苟能审于才德之分而知所先后，又何失人之足患哉！

一本《弟子规》，就是教我们如何才能不"失人"，就是《礼记·学记》中讲的"教也者，长善而救其失者也"。

一本《弟子规》就是让孩子从小通过衣食住行，扎下幸福人生的根，也就是孔老夫子讲的"素"。

孝顺之门

> 父母呼，应勿缓；父母命，行勿懒。
> 父母教，须敬听；父母责，须顺承。

"父母呼，应勿缓；父母命，行勿懒；父母教，须敬听；父母责，须顺承。"现在的不少情况是："父母呼"，不理睬；"父母命"，我不管；"父母教"，必顶嘴；"父母责"，我也责。

我们可以想象，一个孩子，从小养成这样一种习惯，到学校，他会听老师的话吗？到社会，他会遵守规则吗？那么跟老师对抗，跟规则对抗，意味着什么？意味着"不顺"，意味着他可能无法成功。

富士康"十二连跳"事件发生后，人们都在责怪那个公司，但是有一个根本性的原因人们没有讲出来。我有一个有点残忍的判断，这十二位孩子，他们可能不是孝子。如果他们是孝子，他就应该想到，我从这个世界上消失，很简单，那么我的父母呢？我的亲人呢？他们将要忍受多么漫长的悲痛。所以问题出在哪儿？教育。这些孩子没有学过《弟子规》，或者学过，却没有领会精神。

其次，我觉着这些孩子从小接受的挫折教育不够，从小到大，没有多少人给过他"责"。

禅宗中弟子问师父一个问题，师父先不回答你，而给你一棒，这叫棒喝。

这种做法有一定的道理。

一个人的成长过程中有许许多多这样的棒子，如果这一棒你受不了，将来的那棒自然更受不了，受不了就要放弃。

棒喝教育的重要动机，那就是让孩子从小接受挫折，过挫折关，让接受挫折成为习惯，从小培养孩子的承受能力。

古人讲，只有忍人所不能忍，才能成人所不能成。只有"苦其心志，劳其筋骨，饿其体肤，空乏其身"，才能接受天降之大任。

因此，对于父母的"责"，我们能够顺承，本身就是孝。

富士康的工作环境再恶劣，大概也没有当年先烈们所处的那个环境恶劣吧？

因此，如果这个根我们扎不下去，还会有十三跳、十四跳、十五跳、十六跳……

和"十二连跳"类似的悲剧还有不少。一个省好不容易考一个状元出来，但是到大学不到两周，有人竟然割腕、跳楼。

我们可能到了需要好好反省现行教育的时候了。那些过早结束的生命提醒我们，让我们去思考一个非常重大的问题，那就是今天的教育到底哪儿出了问题。绝大多数人都要为人父为人母，因此教育问题不可避免地成了我们共同的问题。再大的富翁，再大的明星，首先是父亲、母亲。

　　缓的反面是快，懒的反面是勤，敬听的反面是敷衍，顺承的反面是忤逆。显然，这是教育专列的开通训练，当然也是成功专列的开通训练，它的核心是一个字：顺。

　　为什么要"顺"？这里面有大秘密。

　　对于做人这门功课，只有顺，交流才会发生，"教"才能通畅。

　　作为生命，顺则意味着无恙。中医认为，痛则不通，也就是气血不顺。

　　作为命运，顺则意味着成功。一个人从小养成顺的品质，意味着他已经成功了一半。因为顺是天道，是宇宙品格。

　　天体无不在顺中运行，长河因为顺而不息。顺则意味着他今后肯定会跟环境和谐，而和谐本身就是成功。

　　一个能够和父母兄妹和谐相处的孩子，他的德行已经完成了一半。

　　一个能够和老师同学和谐相处的学生，他的学业已经完成了一半。

一个能够和领导同事和谐相处的员工，他的事业已经成功了一半。

一个能够和大自然和谐相处的人，他的爱心已经完成了一半。

一个能够和道德和谐的人，他的生命已经圆满。

对于"顺"，有多种多样的解释，我的理解是，一个人要顺流而下，才能到达人生的大海。

"顺"本身就是生命力。一个逆流而上的人和顺流而下的人，到达目的地的成本我们不难推算。逆流而上者，生命成本中有相当的一部分要用来抵消水流的速度。而顺流而下者，水流的速度也变成了他抵达目的地的动力，成为他走向成功的加速度。对于顺流而下者来说，即使止于水面，他也在前进。

同样，孝是顺，因为孝是一条大河。不孝意味着一个人已经拒绝了顺流而下，拒绝了走向大海，走向整体。而整体是能量之源，也是幸福之源。人为什么睡一觉之后会精神倍增，就是因为通过睡眠我们进入整体，睡眠在本质上是一种"顺"，因为睡眠意味着"自我"睡眠，"自我"睡眠之后"无我"开始工作，而"无我"即是生命力。

顺时则得时，顺水则得水，顺天则得天，顺意则得意。"父母呼，应勿缓"，如果缓，就意味着顺已经断掉。顺断掉，则感应断掉。感应断掉，意味着这个人已经孤立。

生命只有进入胎盘才能诞生，这就意味着母体是我们出发的地方，是我们成长的地方，也是我们的能量起点，孝是这个起点的良性延续。"孝"这个字，"老"字头，"子"字身，本身就是一个象征，通过孝我们回到整体，回到源头，回到根，回到原始，同时到达大海，到达无尽。因此，孝不是别的，孝是整体性。

一个人拒绝孝，本质上是拒绝整体性。

孝本质上是感恩。

我们看感恩心的"感"，上面一个"咸"，下面一个"心"，就是全部的"心"。"恩"怎么写？上面一个"因"，下面一个"心"，在我理解，就是心的源头。我们心的源头就是"恩"啊，我们就是从"恩"而来，因此我们要感恩。而感恩，就意味着我们接通源头，接通源头的能量。因此，当一个人的感恩心得到启发，他已把个体的能量变成整体的能量。由此可知，我们孝敬父母看上去是一个伦理姿态，最后你会发现它其实是一个道德姿态，同时它还是一个物理状态。

孝的外延不单单是行动，还包括起心动念，言语造作。它是自然界一种总的超越性规则。它既在维内，也在维外。因此，你的念头一动，它就知道。只要你冲撞了它，它就会制裁你。为此，我们要顺着它。

《弟子规》为什么要首倡孝？孝，实际上是对伦理的一种顺，它是天理。我们为什么要尊敬老师呢？尊敬老师是对智慧的一种顺。我们为什么要珍惜粮食呢？珍惜粮食是对时间和空间的一种顺。"自然而然"就是从此而来。我们问路人，说某个地方怎么走，对方答，你顺着这条道过去就是，他没有说你逆着这条道过去。顺着这条道过去，顺着什么呀？顺着"道"。多智慧啊！

"问渠那得清如许，为有源头活水来。"因为身后是"流"，因此"源"要洁身自好；因为身前是"源"，因此"流"要洁身自好。而"源"和"流"是"一"，不是"二"，一个连绵相续的责任就这样产生了。

这也就是中华民族绵延不绝的根源所在。

孝有三个层次。小孝"养父母之身"，就是保障父母的衣食住行，"亲有疾，药先尝；昼夜侍，不离床"是也。中孝"养父母之心"，就是好好学习做人，不让父母担心，让父母心里舒畅，因为"身有伤，贻亲忧；德有伤，贻亲羞"。大孝"养父母之志"，就是大儒张载讲的"为往圣继绝学""驯致""圣与贤"。

这三孝，我们可以把它简称为养身、养心、养德，换句话说也就是顺身、顺心、顺德。因此，一个人能够落实《弟子规》，推广《弟子规》，就是尽大孝。

《论语》中讲"三年无改于父之道，可谓孝矣"。这个三年不是实指三年，意为很长很长的时间，你不改变父母的愿望，那就叫孝。这句话表面看上去是讲孝，其实背后的用心十分良苦，也隐藏着无比的智慧。周朝为什么能够绵延近八百年？就是因为无改父母之道。它的后代一代一代地继承祖先创建的价值体系，世世代代继承下来，国家稳定，国泰民安。而一个常改父母之志的家族，不会长久，国家也同样，这就是"传统"的本意。

因此，一个人能够从事中华民族优秀文化的传承工作，意味着他在尽大孝。

身有伤，贻亲忧；德有伤，贻亲羞。

这是《弟子规》的灵魂性训诫，非常深刻，非常智慧。如果一个孩子真的理解了这句话，很多问题会迎刃而解，父母会很轻松，老师会很轻松。

如果一个孩子略略懂得这句话，他在学校就可能会好好学习，将来他上班就可能会好好工作。为什么呢？因为他的人生哪怕有一点点污点，都是对父母的一种羞辱。如果他的身体受伤，父母心里会很疼；如果他的道德受伤，父母心里会更疼；因为身有伤，伤的是个体；德有伤，伤的是整体。

中国的所有传统节日，本质上都是一种教育。过去大年除夕，一族人都要在祠堂祭祖，事实上是一次大攀比。攀比什么？不是比车、比穿、比阔，而是攀比谁对祖上贡献大，得到的荣誉多。子孙们仅仅因为这一点，也会好好做人。他想我现在建功立业，将来我的儿孙到祠堂，看到我为国家为民族作了如此大的贡献，就会从心底油然而生一种敬意，一种自豪，一种向往，一种继承的冲动。

从这个意义上讲，孝不单单是对祖先的负责，还是对子孙的负责。

古代的结婚典礼上，父亲是要给做了新郎官的儿子敬一杯酒的，但是新郎官不需要还礼。这意味着什么？意味着从今天开始，你就是家道的传承人。因此在这一刻你不仅仅是一个儿子，更是一个传承人。所以，孝，不单单是对祖上的一个姿态，还是对后代的一个姿态。

总之，一个人活在生命的链条中、伦理的链条中，他不单单是个人，他是整体的一分子。一滴墨水可以使一杯水全部变黑。

一个家族，因为出了一个逆子，一个走失的人，一个触犯刑律的人，整个家族都被污染了。秦大士在岳飞墓前所作的"人从宋后羞名桧，我到坟前愧姓秦"，讲的就是这个道理。

我们不难想象，秦桧和岳飞的后代，在岳庙前，该是一种多么不同的感受。

　　这个"羞"，它是一种疼痛。

　　知耻近乎勇。如果我们把每个孩子的羞耻心唤醒，就不需要父母和老师的千叮咛万嘱咐，也不需要父母和长辈操那么多心了，因为孩子的心中有一种天然的自动的体系化的约束和制约。

　　晋人杨香，十四岁时随父亲到田间割稻，忽然跑来一只猛虎，把父亲扑倒叼走，杨香手无寸铁，为救父亲，全然不顾自己的安危，急忙跳上前，用尽全身气力扼住猛虎的咽喉，从虎口救下父亲。

　　十四岁的杨香能够扼虎救父，告诉我们一个道理，孝能生勇。

　　孝不但能够生勇，还能够生悌，生忠，生信，生礼，生义，生廉，生耻，生仁，生爱，生和平。这个"生"，究其本质，也是一个"顺"。

　　亲所好，力为具。

我们说顺是孝的主要指标，并非说无原则地顺着老人。《弟子规》没有这么呆板。

是不是在父母说错做错的时候，做儿女的也必须顺着父母的意愿呢？

亲有过，谏使更。

如果父母有错误，给他进谏，让他改变。方法是"怡吾色，柔吾声"，和颜悦色地，轻声细语地，让他去改变。

谏不入，悦复谏。

这一次进言没有成功，再找机会，等父母高兴的时候，再去劝说，哪怕"号泣"，哪怕"挞"，也"无怨"。

孝是消除老人的归属焦虑，说白了，就是死亡恐惧。

东方文化有一个重要的功能，就是消除人们对死亡的恐惧，而消除老人对死亡的恐惧，不但是养父母之身，还是养父母之心，更是养父母之志。

好多癌症患者都是被吓死的，就是因为不明白这个道理。

一个病房里住着两位同样病情的癌症患者，一位不到半年就去世了，一位却在那位病友去世后多活了二十年。有人问他的秘诀是什么。他说，我是军人啊，当年连日本鬼子都不怕，还怕什么癌症吗？

朋友给我讲过这样一则故事：

有一年，他八十岁的父亲被查出来膀胱癌，大夫不主张动手术，他坚持让动，大夫说拍片发现那个瘤子正好在一个大血管上，担心手术后下不来。兄长的意见也是回家。因为民间有一个观念，老人必须寿终正寝，就是要落点在老家，去世在外面的人是不能进祖坟的。而且八十岁的高龄，在他们家也创下高寿的纪录了。他说还是听听父亲的意愿吧，就给父亲说，大夫说不动手术也可以，可以回家保守治疗，动也可以，就看您老人家愿不愿意挨那一刀子。他父亲读过私塾，算是一个老秀才吧，非常智慧。说，你们看着办吧，动也行，不动也行。他就明白了老人的心思。正如《弟子规》中说："亲所好，力为具。"他跟兄长商量后说，动。

但是动嘛，大夫说瘤子正好在一个大血管上，有较大风险，怎么办？他就跟父亲讲："生命就像旅游，无非是从这辆车上下来到另一辆车上去。这是一个小手术，肯定没事，手术肯定会成功，不过任何事情都有万一，如果碰上万一，您就要做好准备，那就是当您感觉真要换车了，一定要记住，换乘离咱家近的那趟，这样，说不定哪天我在小区散步，就会碰到您老人家，我们还会聊聊天，话话家常。说得明白一点，那就是，您投生的时候最好投在我们小区，那样我们就会不时见面的。"

他说当他这样说时，旁边的病人都紧张坏了，觉得这个人一定有神经病！

"我为什么要这么说呢？就是想让父亲放松。因为人最大的痛苦是对死亡的恐惧，而对死亡的恐惧说穿了是对未来的不确定，或者说是怀疑。我这样说，就是想引导父亲看轻死亡，让他觉得，死亡就是换辆车而已，这样他就不会紧张。就是要时时提醒老人明白生命是怎么回事，让他明白生命无非就是从这个车上下来到另一个车上去，车在换，但主人永远不换，他只是一个愉快的旅行者，没必要留恋现乘的这辆车，也没必要担心这趟车的终点就是生命的终点，前面有更漂亮的风景在等着他。这样，他对死亡的恐惧就慢慢消失了。对于老人，不但要说破，而且要反复说，他听一次就会轻松一次。进手术室之前，我对父亲说，老爸，记住啊！他说记住了。结果三个小时后，父亲出来了，人很清醒。那一刻，我的眼泪就下来了。现在父亲已经八十六岁高寿，身体还好。"

因此，让父母接受传统文化中临终关怀的内容，消除他对归属感的焦虑，让他的身心产生一种大愉悦，既是养父母之心，也是养父母之身。吃得简单一点没关系，穿得简单一点没关系，但一定要让他内心有一种大安详。

看完湘潭大学2007级学生罗桂红背着母亲上大学的报道，

大概没有谁不会感动。

　　23 岁的罗桂红是湘潭大学的学生，家在湘乡市一个
四面环山且没有马路的偏远山村。2008 年，母亲杨国英
被确诊为风湿性心脏病。罗桂红四处举债为母亲筹集了
六万元的手术费用。手术过后，医生告诉她，母亲的病
需要休养，不能劳累操心。就这样，当时读大二的罗桂
红把母亲接到了学校，一边上学一边照顾母亲。更不幸
的是，在外打零工的父亲意外地受伤了，家里唯一的经
济来源断了。罗桂红现在除了要照顾生病的母亲，准备
考试、毕业论文，还要每个周末从湘潭赶到双峰看望父
亲。这一切不但没有把罗桂红压垮，反而让罗桂红更加
坚强……

　　真是要给写下这些文字的记者致敬。写下这些文字的过
程，本身就是唤醒孝敬的过程。

　　"背着妈妈上学"，让我们记住这个经典的句子，它们
是世界上最感人的诗，尽管它平常。

　　"背着妈妈上学"，让我们对罗桂红们敬礼，他们才是
我们心目中真正的"明星"。

　　一个能够背着妈妈上学的孩子，他走向社会，自然能够
担当，自然能够爱戴他人。因为"爱亲者，不敢恶于人；敬
亲者，不敢慢于人"。

但是，对于更多的人来说，孝是日常。命运不会给每个人创造这种完成大孝的机会。但我们可以在内心深处"背着妈妈上学"。

在古代，哪个县要是出现一个逆子，县令就要把城墙砍去一角。为什么？他没有教育好这一方人民，以此忏悔，以此警示。一个社会把孝如此公约，如此维护，哪一个儿女敢不孝敬父母？

现在，孝之所以像《诗经》所云"式微式微，胡不归"，有一个重要的原因，那就是我们把孝狭隘化、肤浅化。大孝是什么？建功立业，全心全意为人民服务，让父母觉得脸上有光、开心。而现在软硬件都出问题了。硬件方面，没有祠堂了，没有家谱了。祠堂是什么？是家族资质。一个人，如果他不好好做人，作奸犯科，将来就没有资格进入祠堂。没有资格进入祠堂意味着什么？意味着他的亲族系统在这儿断代，意味着他的后代将来没有脸面进入祠堂。想想看，一个人在祠堂找不到祖父、父亲的牌位那是一种什么感觉？所以仅仅凭着祠堂这个天然的教育场所，好多人都不敢做坏事了。家谱是什么？它有什么功用？它是天然的教科书。祖上的光荣被一路记录下来，一路传颂下来，对后人当然是一个再好不过的激励，它是一个天然的传承。

想想看，茶余饭后，三五童稚，于桌前灯下，围着一本发黄的家谱，听老人讲家族光荣，那是一种怎样的熏陶，怎样的教育。

我们常说受人滴水之恩，当以涌泉相报。而一杯水中包含着多少滴水？我们每天又要使用多少水？如果以滴计量，那真是一个天文数字，这些以天文数字才能计算的水的恩情，我们几辈子都报答不完。

如果把养育我们的一切视为我们的父母，那么这个父母可以说是整个宇宙。因此，培养一个孩子的孝心，其实是培养他对整个大自然整个宇宙的一份感恩和敬畏。就拿普通的一天来说，我们要活下来，需要粮食、水、空气、电、空间、时间等等。

因此古人把孝作为一个道德总部，从孝着手进行道德建设，真是太智慧了。过去讲举孝廉，其实孝和廉是统一的，如果一个人真有孝心他就会有廉心。他知道粮食来之不易，知道粮食是用来养活我们的，所以不敢浪费。反之，如果一个人不廉，那么他就不是一个孝子。不尽孝就是一种浪费，贪污就是一种浪费。

最大的节约是随顺道德，而孝则是道德的根。

如何重建孝的体系，我觉得至少应该从三个方面做起。

首先，政府要有一个倡导，选用公务员和评选文明城市，应该把孝作为重要指标。

如果把孝的问题解决了，治安问题、教育问题、环境问题等等，自然会有所好转。为什么呢？一个孝顺的孩子他不大可能学坏，不会杀人越货，治安问题就可能解决了；一个孝顺的孩子他不会浪费光阴，会好好学习，教育问题就可能解决了；一个孝顺的公职人员他会努力工作，敬业的问题就可能解决了，等等。

真是"其为人也孝弟，而好犯上者，鲜矣；不好犯上，而好作乱者，未之有也。君子务本，本立而道生。孝弟也者，其为仁之本与"。

其次，孝的教育要跟上去，特别是学校教育要跟上去。

为什么？现在的一些学校唯分数论，唯成绩论，老师鲜有时间和心力给孩子讲孝道。孝应该进学校，应该成为学校评价学生文明程度的指标，如果某个学生在他的人生历程中有不孝的记录，大学就拒绝录取，试试看是个什么效果。

因此，在孝道大断层的背景下，要想恢复孝，制度应先于引导。

第三，整个社会也要行动起来，化民成俗，把孝变成一种风尚。

以孝敬为美，以孝敬为乐，以孝敬为荣，以孝敬为风尚，追星就追孝敬星。当孝敬成为一种风气的时候，就不需要制度了。当一个民族以孝为荣，以孝为生命力，以孝为第一公理第一美德，这个大家庭怎么会不其乐融融。

自性之途

知识和智慧是两回事。我们都知道，禅宗六祖惠能并不识字，但是他说出来的话，却被称为经，即《六祖坛经》。而我们现在的教育最后关于智慧的这一块，关于"性"的这一块，常被扫出课堂，真是太可惜了。

如果我们真能从这一块入手，就会明白《弟子规》里面有几句非常经典的话：

执虚器，如执盈；入虚室，如有人。

它有更深的含义。你看，端着一个空杯就像端着一个满杯，进了一个空屋就像进了一个坐满人的屋子。这两句是《弟子规》精华中的精华，灵魂中的灵魂。提醒大家注意一件事情，平时到餐厅吃饭，或者到茶楼去喝茶，稍微留心一下周边，你就会听到一种叮叮咣咣的声音，那是服务员在上菜。但是我们到韩国，在同样的地方，却少有这种声音。我没有考证过韩国是否在推广《弟子规》，但有一点是肯定的，那就是他们在践行《弟子规》的精神，至少在餐厅是这样，在茶楼是这样。

如果说前两句，讲的是对自己的严谨，那么后两句，既是对自己的严谨，也是对环境的严谨。如果世界上的每一个人，都待在屋子里面不做坏事，天下还需要警察吗？所以这两句话是《弟子规》精髓中的精髓。

"本自"的密钥，性的密钥，安详的密钥，就在这里。但是很可惜，多少年来，我们却一直让它沉睡。

为此，我们就会明白，古人教学，为什么要先教定性，让学生头顶一杯水，站三四个小时，就是让学生回到现场。一个人假如回不到现场，他做什么都成功不了。有不少老师给我讲，很多学生屁股上都安着滑轮，一堂课不知道要变换多少个坐姿，就是这一块缺了课。我们可以想象，一个连四五十分钟都无法安处的学生，他将来到办公室，怎么会安心工作？将来到实验室，怎么会安心科研？将来到讲台，怎么会安心讲课？将来到工厂，怎么会安心做工？

《弟子规》有言：

墨磨偏，心不端；字不敬，心先病。

这时，我们就知道为什么这么说了。古人认为，内在世界跟外在世界是一个对应。所以对衣服，它要求我们"勿乱顿"，要放好放整齐，是有道理的。如果孩子回家后把衣服随便一扔，书本随便一扔，最后他的内心也是一片狼藉，因为内外是一个对应，一个相应。

勿践阈，勿跛倚；勿箕踞，勿摇髀。

也是非常有道理，它是通过外在的形式来训练你内心的一种端庄。

步从容，立端正；揖深圆，拜恭敬。

也是同样的道理，只要我们把每一个外在动作做到位，我们的内心和外在就会形成一个对应，这样的人生将会是圆满的人生。敷衍潦草的结果是，我们的内心也会是敷衍潦草。

古人讲的报应本质上也是一个相应，一个人心中是善，世界跟他以善相应，一个人心中是恶，世界跟他以恶相应，这就是"命由我作，福自己求"的道理。

当年有人问孔子，说你的学生里面谁最好学，孔子说，"有颜回者好学，不迁怒，不贰过"。当时觉得这句话太平常，但是随着实践传统文化，越来越觉得奥妙无穷。

作为一个人，一个普通人，真是无法做到"不迁怒"的。

那么人在什么情况下会生气？大家肯定会说是不顺心的时候。最根本的原因，人之所以会生气是因为有自我在，是自我被冲撞了。庄子讲，如果你乘舟到海上去航行，撞着一条有人的船，你会很生气，你会质问对方，眼睛瞎了吗？假如撞到一条空船上，你不会生气，哈哈，没事的。说明什么？只要那条船上有人你就会生气。

反过来，人在什么样的情况下才会不生气呢？没有自我的时候。

孔子说"吾十有五而志于学，三十而立，四十而不惑，五十而知天命，六十而耳顺"，"耳顺"意味着什么？无我。

那么如何才能达到无我境界？按《弟子规》去做。一事当前，先替他人着想。时间久了，"我"就会淡化，"无我"就会显现。就像海潮退去，沙滩会自动显现，乌云散去，天空会自动出现。

这就要我们在平时的生活和工作中学会转身、转念。

这"二转"，说起来容易，做起来很难。因为生命的惯性从来都是朝着"我"的，何况在这个大家想着法子加强"我"的时代。

颜回能够"不贰过"，他是如何做到的呢？他是怎样用功的呢？肯定还是回到"本自"。因为只有回到"本自"，才能"本无动摇"。也就是我们常讲的"当家做主"。本自的状态就是"当家做主"。这个时候主人是在家的，只有主人时时刻刻在家里面，他才能避免犯错误。犯错误意味着主人不在家，小偷进来了。小偷一直在伺机而动，主人离开时，就是小偷动手时。就是说，我们要跟踪自己的心意达到一种不间断的程度，这就是功夫。

而要跟踪心意，就要我们识得一个个念头，古人把它叫惑。当一个人能够意识到自己的念头，已是不易。一个人能够做到断念那就是圣人了。对于常人来讲，这显然是一件几乎不可能办到的事情。要把念头断掉，就要把世事断掉，因为念头是世事的投像。可是一个人要把世事断掉可能吗？就算你把工作辞掉，隐迹山林，但你还得吃穿住行。冷了怎么办？饿了怎么办？遇冷求暖，遇饥求饱，这是不是念头？

于是古人开出一个药方，那就是伏住杂念。就是说，当念头到来，更为准确些说是当杂念到来，不必要的念头到来，我们能够降伏它。

我不喜欢降伏这个词，应该是看破它。当我们识破世俗的爱是一个假有，我们就不会为它而起心动念；当我们识破世俗的财富是一个假有，我们就不会为它而殚精竭虑；当我们真正明白了什么是"虚情假意"，当情意绵绵时，我们的心里就会升起一个幽默，嘿嘿，虚情，嘿嘿，假意。

一个虚，一个假，道尽了世俗真相。

见得多，肯定"惑"会多。这些惑，存在心里久了，古人把它视为"尘沙"，真是好。烦恼即是惑，即是念头组。

当一个人的心里连念头都没有了，当然就没有念头组。没有了念头组，当然就没有烦恼。

因此，从另一个角度来看，断惑的程度，就是幸福的程度，快乐的程度。

现代人强调有尊严地活着。岂不知只有"独立自主"，才有尊严可言。当一个人不能"独立"，不能"自主"，时时嚷着向娘要奶喝，就没有尊严可言。而要真正"独立自主"，就必须学会向内。因为人本身就是一个宇宙的缩影，他是全息的。既然他是全息的，那就意味着他是自足的，什么都不缺的。既然什么都不缺，那么我们还有必要因为他求而奴颜婢膝吗？

向外求永远无法尊严地活着，因为有求就得卑躬屈膝。

而且"外"无止境，则"求"无止境，尊严就永无实现之日。

老祖先教育子女，"勿营华屋，勿谋良田"，就是看到，如果一个人把营华屋谋良田作为奋斗目标，那他一生都无法找到幸福。那在哪儿寻找幸福呢？——本自。

古人在开发生命本身中寻求幸福，今人在开发地球中寻求幸福，这是两个天大的差异。引导人们向内寻找幸福，是《弟子规》的功能之一。

近年来，全社会都很重视传统节日，而传统节日的仪式中都有唤醒自性的功能，特别是火。打火机刚打着的那一刹那，如果你有足够的细心，就会发现那一刻，你的心中是没有杂念的，这也就是几乎所有的传统节日都有香火出现的原因。

在民间，一些地方元宵节还保留着一种很古老的仪式——点明心灯。

小院里，月光融融，一家人围着一个小供桌，把一盏盏荞面灯从梦中唤醒。

在没点燃之前，灯是睡着的，随着种灯走过，就有一束火焰从梦中伸着懒腰，打着呵欠，睡眼惺忪地醒来。在那个过程中，你的心灵进入天然，进入纯粹，成为一盏灯。这时，火不再是一种状态，而是一个生命，一种精神。那一刻，你会觉得它是活着的，有生命的，会呼吸的。

点灯之后是守灯，守灯之后是落灯。

守灯时分，家长会有一个要求，绝对沉默，不能说话，不能想事。那么干吗？静静地守着灯头，看灯捻上的灯花是如何结起来的，如何盛开的。

那是一种神如止水的境界，你的心和眼前的灯合二为一，一种纯粹的幸福荡漾开来。

事实上，在当时，你的心中就连幸福这个概念都没有，那是一个近乎纯粹的"忘"的境界，正大、光明。它来自当下，来自无数的"这一刻"。

这，就是明心灯。

元宵节的灯必须要用荞面做，当我知道荞面有活血降火功效的时候，心里就生出一个赞叹，古人真是太聪明了，他们居然早就知道荞麦可以让人的血液静下来。古人认为只有你的血液先静下来，你的气才能静下来，只有你的气静下来，你的心才能静下来，而心静下来就是健康，就是安详，就是幸福。

到最后，你会看到灯捻上确实会有一个花蕾，非常神妙，黑色的花蕾，我的老家把它叫灯花。又是一个赞叹，灯花，灯就是花，花就是灯。这时，你才理解古人为什么要燃灯敬佛，因为这时候灯已变成一种花，一个生命，一种植物。你就会明白为什么古人要设计点明心灯这样的仪式，它无疑是祖先精心设计的，它是一条回家的路。而现在城里的花灯和灯会，已经变成了一种气氛的营造，一种竞技，一种规模型的文化活动，原来的那种原始的、点明心灯的意义丧失了。

古人把腊八作为大年的开始，把正月十五点明心灯作为大年的结束，具有非常强烈的象征意义。腊八演绎的是"难得糊涂"，是让人们从生活中回来，回到当下，享受生命，进入时间，而点明心灯是让你带着一种智慧，一种光明，一种明明白白的、当下的、现场的、天人合一的状态去生活。

因此古人最能教他的孩子在当下去享受生活。

点灯，这个再平常不过的事情，却成了值得我们深究，需要我们从哲学层面、心学层面好好探寻的事情。可见古人对他们的子孙后代是如何慈悲如何爱护。他们把我们的心灵叫作心灯，他们以灯喻心，你就会明白心灯这个词，它事实上包含了对人的一种巨大关怀。

一团荞面，做成小茶盅形状，上面有个核桃大的小窝儿，可盛一勺油，其中有一个捻子，就能变成一盏灯。如果没有人去点燃它，它就永远沉睡，但当有一盏种灯走过，它就变成了一个活性的生命体。这时候你就会想，如果人是一盏灯，那么又是谁点燃的呢？你就不能不进入一种敬畏，思索宇宙的奥秘、生命的奥秘。

它会把你带到原点，那个原点就是老家。

当我们明白了灯的意义后，感恩自然在心里发生。因为你要追想是谁点亮了我们的第一盏灯，又是谁不断地给我们灯中添油。因此，元宵节最后会启发你去思考宇宙和生命的第一推动力，思考最初的那一盏灯是从哪里来的，是谁点燃的，那才是真正的"种灯"。

讲一段小时候的经历。那时候家里很穷，元宵节只能给灯添一次油。有一次看着灯里的油快没了，感觉灯就要咽气，马上就要蔫下去的时候，急得扑过去抢油碗给灯添油，不想却被父亲抓住。父亲说，天下没有不散的筵席。我说见死不救非君子！父亲说，天下没有不灭的灯。我说见死不救非君子！在小时候的我看来，灯其实就是一个生命，一个人对生命的珍惜和珍重，就从这里生发了。这件事还让我明白，既然有灯亮，就有灯灭，正因为灯总归要灭，我们就要更加珍惜，敬畏就从这里生发。同时，忧伤也从这里生发。而惋惜和忧伤又反过来促使我们善待生命，善待缘分，从而更加珍重亮着的灯。

因此，古人教孩子点灯其实就是教孩子学会尊敬，学会感恩，学会珍惜，学会守护。

另外，如果我们懂得了灯节的精神，还可以教孩子在生活中的任何一种场景体会到灯。比如说在点燃煤气灶的那一刹那，在打火机啪的一下燃起来的那一刹那。

这时，我们就会明白，《弟子规》所讲的113件事，也是113盏灯。我们用心生活，用心工作，用心待人，就是一种灯的状态。因为古人理解我们的心本来就是一盏灯，所以叫心灯。而如果你把心理解成一盏灯，那么，这一盏灯其实是伴随我们一生的，它不单单正月十五在亮着，它日日夜夜时时刻刻都在亮着，如果一刻不亮，那就有麻烦了。所以古人启发我们，每时每刻都要守护心灯。这就是古人讲的善护念，其实就是护灯，就是不要让狂风吹灭了我们心中的那盏明灯，只要这一盏灯亮着，小偷就进不来，强盗就进不来。只要这一盏灯亮着，那么凡是发生于黑暗中的一切错误就会避免。

由此，我们的脑海里就会出现一条长长的传灯之路。

我们再看汤圆的制作过程。先捏一个核，然后把这个核放在糯米粉上，用箩不断地摇摆，让核不停地去粘糯米粉，到一定程度，洒水再粘，如此反复，最后的成果就是汤圆。我觉得这个过程更是一个象征，象征道家对宇宙形成的理解。古人为什么把这样一种食品叫汤圆，我觉得它同样是暗喻"元"。"元"是意义，"圆"是形态。元者，第一也；圆者，圆满也。元用圆来演绎，即是宇宙初开的意象——太极图。这个"元"，显然是太极的文字符号。所以它们可以互相借指。可见元宵节的汤圆不单单是食品，它本身和节日有一定的互指性。

这个汤圆我们还可以把它看成大地上的一轮又一轮月亮，就像无数的月亮仔儿一样，它是一个一个摆在你面前的月亮。

它是满月的一种象征，明月的一种象征。

而真正的明月在民间。如果你有幸在某个万籁俱寂的乡村欣赏过月亮，跟月亮有过神交，体会过那轮伸手能触的月亮，有过那种体验，那么你再回到城市，看到城里的月亮，你就会想到，月亮呀，你怎么会沦落到这种地步，显得这么尴尬。

现在你想和明月进行一次神交，只能在乡间。每一次回到老家，只要有明月，晚上我都会一个人到山头上去看看。想想看，你一伸手，月亮就在你的手心里。这时你就会知道，什么叫自然，什么叫手可摘星辰，什么叫真正的宁静。

同样，民间的点明心灯，摇汤圆，有点像这时候的清和静。

世界上还有比这更棒的意象组合吗？天上一轮明月，地上一桌明灯。它是明月唤灯火，而不是"明月让灯火"。

由此可知，古人是活在一种怎样的诗意当中。

现代性在消灭传统的过程中也消灭了这种大美，也把人带离了家园。

现在我们使用的暖气片、地暖，可能给我们提供了很多方便和舒适，但给人的感觉却是冰冷的，而记忆中小时候的那个红泥小火炉，它可能提供不了像暖气片这样的热量，但当我们看着那一束火苗的时候，我们觉得心里是温暖的。

无疑，一个人心中有这样一团火苗，有这样一个月夜，你就会发现自己十分富有，你走到哪儿，哪儿都有一盏灯在照耀着你，你就觉得不再贫穷；不管在任何地方任何时候，你都会觉得生命是富足的、活跃的、灿烂的。

因为它会不时地提醒你回到本性，因为那是安详和幸福的源头所在。

诚信之则

凡出言，信为先；诈与妄，奚可焉。

话说多，不如少；惟其是，勿佞巧。

奸巧语，秽污词；市井气，切戒之。

见未真，勿轻言；知未的，勿轻传。

事非宜，勿轻诺；苟轻诺，进退错。

凡道字，重且舒；勿急疾，勿模糊。

彼说长，此说短；不关己，莫闲管。

见人善，即思齐；纵去远，以渐跻。

见人恶，即内省；有则改，无加警。

唯德学，唯才艺；不如人，当自砺。

若衣服，若饮食；不如人，勿生戚。

闻过怒，闻誉乐；损友来，益友却。

闻誉恐，闻过欣；直谅士，渐相亲。

无心非，名为错；有心非，名为恶。

过能改，归于无；倘掩饰，增一辜。

这一大段作者把它归到"信"的门下，但在我看来其实是讲"诚"。那么，诚的目的是什么呢？是让我们回归自性。因为自性本诚。所以这又是一个相应。

那么，什么是诚？孟子曰："居下位而不获于上，民不可得而治也。获于上有道：不信于友，弗获于上矣。信于友有道：事亲弗悦，弗信于友矣。悦亲有道：反身不诚，不悦于亲矣。诚身有道：不明乎善，不诚其身矣。是故诚者，天之道也；思诚者，人之道也。至诚而不动者，未之有也；不诚，未有能动者也。"

"是故诚者，天之道也。"在孟子看来，这个"诚"是什么？天道。就像整个天体都在表演一个"诚"字一样。如果哪一天，银河系宣布关门一天，那将是什么情形？如果哪一天，太阳说，我今天休一天假，世界将是什么情形？如果哪一天，月亮说，我今天不绕着地球转了，我要去绕着木星转一圈，那将是什么情形？如果春天说，哼，今年我就是迟迟不肯到来，等夏天过后再说吧，那将是什么情形？

如果你有过乡村生活经历，就会发现，"二十四节气"是如何伟大。该立春时它就立春，该惊蛰时它就惊蛰，该立秋时它就立秋，该霜降时它就霜降，同样在演示一个"诚"字。

整个宇宙道德都在表演诚信。人既然是宇宙中的一分子，就要向宇宙学习。

孔子说："人而无信，不知其可也。大车无輗，小车无
軏其何以行之哉？"可见孔子对信的重视。在《论语》中，
信显然有两层含义：一是受人信任，二是对人有信用。人生
活在群体中，与人相处，得到别人的信任和信任别人同样重要。

当年，子贡问孔子如何治国，孔子说要做到三点：一要"足
食"，就是要有足够的粮食；二要"足兵"，有足够的军队；
三要得到百姓的信任。子贡问，如果不得已必须去掉一项，
去哪一项？孔子回答"去兵"。子贡又问如果还必须去掉一项，
去哪一项？孔子说"去食"。"自古皆有死，民无信不立"。
可见，在孔子看来，得到百姓的信任比什么都重要。治国如此，
其他事何尝不是如此。如果得不到别人的信任，什么事都办
不成，如果不信任别人，还是什么事也办不成。

有一个小孩，在外出的船上不小心掉进了海里，因为是
从船尾掉下去的，所以船长不知道。但这个孩子没有放弃生
还的信念，他坚持游泳，坚持向船靠近。就在这个时候，船
长发现小孩不见了，忙让大家找，但是找遍船舱也没个人影
儿。船长就断定孩子落水了。怎么办？有人说，这么长时间了，
我们回头去找已经没有意义了。

但船长还是下令把船开回去，开到那个有可能是小孩落
水的地方。

谁想就在此刻，小孩还在坚持。

结果是，小孩得救。

小孩当然非常感谢这位船长。等他缓过气来，看着船长，非常感激地说，谢谢您救我。船长说了一句什么话呢？船长说，谢谢小家伙，是你救了我一命。

这个对话有些难以理解，却真是精彩极了。

船长为什么要这么讲呢？船长说，我为我当时的犹豫感到耻辱，你这样相信我，我居然在当时犹豫了一下，幸亏我又把船掉转回来了，现在你认为是我救了你，但我觉得是你救了我。为什么呢？是你帮我在内心完成了信任。

是什么救了小孩一命？是信任。他坚信船长一定会来救他，同时这个船长坚信小孩一定会相信他去救他。

被人信任成了天下最幸福的事。

这就是诚信演绎的美，真是世界上最美的风景。

然而现在我们有时候也会看到有人落水了，有的施救者竟然还要讨价还价，把报酬谈好再去救人。

不但如此，实际上现在的一些不诚信已经演变成图财害命。比方说，不法商家出售假种子给农民，农民把假种子买回去意味着什么？一年之计在于春，意味着会错过了春播，意味着会一年没有收成。再比如说药品，还有我们已经不愿意再提起的三聚氰胺、地沟油、染色馒头等。人性泯灭到这种程度，真是一个民族的耻辱。

三聚氰胺不仅仅伤害了小孩的身体，而且损毁了一个地方的形象，在国际上造成了非常恶劣的影响，极大地损害了国家和民族的形象，更重要的是，它伤害了诚信。

古人活着，是为了完成人格，现在我们更多的人活着，则是为了追求财富。这是两个截然不同的方向。这种方向如果不改变，诚信的问题解决不了。

在古代，诚和信其实是两个第次的价值观。在古人理解，诚所表达得更接近本体，或者说难度更高，或者说更本源化。前面已经讲过"信"字，说明至少在造字的这个时代，人是非常诚信的。所以"人的话"就是"信"。只有这样理解，我们才会知道什么是"信"。就像我们要理解"心理"，就要把它放在"天理""地理""物理"这个大的框架里面去理解，不用注解，你一下子就会理解什么是"心理"。就像我们要理解"人性"，就要把它放在"天性""兽性"中间来理解。同样，把"鬼的话"和"人的话"一对比，我们就知道什么叫"信"。"人的话"就是"信"，这说明了一个什么问题呢？说明"信"是人的法定性，是人作为人最根本的前提。它不仅是一种美德，还是一种本能，是人的基本素质。

古人是把"诚"和"信"放在一块儿来讲的。古人讲"诚"就是"真心"。孟子说："诚者，天之道也。"那么，什么是人道呢？"思诚也"。就是说，天道本身就是"诚"的，而人道，就是通过"思"，到达"诚"。而"信"，就是实践"诚"。换句话说，它就是人道。所以孟子又说："至诚而不动者，未之有也。"然后说："不诚，未有能动者也。"
一票否决。就是说如果你不诚，什么事也做不成。成功也好，
幸福也好，快乐也好，都必须以此为充分必要条件，一票也
是全票，如果离开这个字再没有什么可谈的。

它是一个最基础的行为准则，也就是人的"天性"所在。

我非常赞赏孟子把诚上升到天道。作为人来说，跟天道
呼应的，就是真心。一个人如果离开诚，已经是假心了，或
者说已经在假心中了。

由此，我们就能够理解为什么《弟子规》中要用 30 句共
180 字的篇幅来谈"信"。

回老家，去串门，大门开着，坐好久，主人不见。再坐好久，
主人还是不见。猫在，鸡在。炉里的火没有熄，就自己炖罐
罐茶喝。一罐茶喝完了，主人还是不见，然后翻书柜里的书，
翻完了，主人还是不见。

正准备往出走，主人回来了，肩上一把锄，脸上落着尘土，
头发上沾着草屑。然后折身，回屋和主人拉闲。

就很感慨，我就不敢把城里的家门大开着，让任何一个
人进来先喝一杯茶，再看一本书。

问题出在哪儿？

城里人的心虚了，城则无诚，看上去是一个讽刺，其实
是一个巨大的无奈。

古人喜欢把"诚"和"实"合起来用，名为"诚实"。如果老人评价谁家的孩子"诚实"，那是一个无上的肯定。

那么，心如何才能"实"，这个"实"应该是"踏实"。如今的人心里为什么不踏实？因为"诚"不在。

当一个人诚实时，他的心是真的，否则，就是假的了。而一个人的心是假的，那么这个人还是真的吗？当一个人变成假的，那么他说的话，做的事，当然是假的。

于是"防"成了社会的主题，也成了生活的主题。

防盗门是防，猫眼是防，监控是防，铁丝网是防，密码是防，法律是防，公证处是防，甚至教育也是防，医学也是防，包括婚姻，也是一个防。

人们都在忙着防别人，却没有谁想到防自己。

问题就出在这儿。

现代人防别人，古人防自己。君子慎独，"慎独"讲的就是防，防自己，防自己的念头发生闪失，防自己的行为发生闪失，为此战战兢兢、如履薄冰地做人。当一个人时时刻刻防着自己的时候，他会去偷人吗？会去抢人吗？会去杀人吗？不会。所以曾参说："吾日三省吾身：为人谋而不忠乎？与朋友交而不信乎？传不习乎？"这"三省"，就是对自己的一种防范。而现在呢？

　　套用孔子常讲的两个字，"忠"和"恕"，诚接近于忠，信接近于恕。诚相当于规律，而信就是按规律去做事。从这个意义上讲，诚是道，信是德。

　　《说文》注"诚"为"信"。什么是"信"？人说的话。千万不要随便从这个注释上滑过去。"人说的话"，就是"信"。"信"者，"人说的话"。先祖之所以如此造字，就是在他看来，"人的话"一定是可信的。以此推理，当时人的心肯定是真的，那么人也是真的。一个全是真人存在的社会，当然是大同社会。

　　说得严重一些，当一个人长期处在"虚心"状态，准确些是"心虚"状态，那么这个人必然气虚，气虚乃病。

　　再看古人对"实"的解释：实者，富也，充满也。

　　有些现代人真穷，因为没有"实"在。

　　"诚"加"实"，名为"诚实"，这个词的本义，还保留在民间。那是一种像天地一样的富有和充满。

凡出言，信为先。

　　注释它的成语很多，一诺千金、一言九鼎。注释它的故事也很多。商鞅当年在南门立木，说如果有人把它搬到北门去，他就奖励十金。大家觉得这件事太简单了，都不愿意相信。于是商鞅将赏金加为五十金。有人尝试，商鞅就真的赏给他五十金。为此，商鞅取得了民众的信任，朝廷也借之取得了民众的信任。可以说，这件事情对于之后的变法、统一六国都产生深远影响。而同样在这片土地上，早推四百年，有一个让人啼笑皆非的烽火戏诸侯的故事，它虽然是一个故事，但已透露出一个消息，那就是西周要灭亡了。

可见，诚信不但是一个人的生命力，更是一个民族和国家的生命力。失去诚信意味着丧失生命力。

大概是古人意识到诚信终有一天会丧失，因此给后人创造了一套完整的回到诚信的道路和阶梯。《大学》有讲："物格而后知至，知至而后意诚，意诚而后心正，心正而后身修，身修而后家齐，家齐而后国治，国治而后天下平。"何其智慧！

《弟子规》开篇中就在"孝悌"与"谨信"中间提到"信"，可见"信"是一个环节，就像孔子讲的连接车辕和横木的铆一样重要。如果无信，孔子说："其何以行之哉？"就是说，这个车怎么走啊？没办法走。

我们曾经有一套完整的诚信体系。就拿婚姻来说，过去有一个准则，门当户对。给儿子找媳妇，或者说给闺女找丈夫，首先看什么？门当户对。看门风，看对方是不是一个诚信的人家、忠义的人家、孝悌的人家。如果是，娶过来，嫁过去。否则，一票否决。

如果一个人的诚信有不良记录，他的后代可能会连媳妇都讨不到。就是说，要让自己的子孙后代获得幸福，那么爷爷、奶奶、爸爸、妈妈就要先做到诚信。找工作也同样。古人为什么特别讲师承？比如说，承到张三名下还是承到李四名下，这里面有大奥秘。如果张三这个人，全社会都公认他非常诚信，那么将来国家选公务员，就肯定从他的学生里面选，为什么呢？一个诚信的老师教出来的学生肯定诚信。而李四的诚信差一点点，那么国家就不会从他的学生中选公务员，为什么呢？因为源头有问题。社会会视源头的健康与否去选择支流，这个是非常关键的。

这比西方国家到哪儿都背着一个长长的诚信记录让别人看是不是要科学得多？人性得多？

对中国古人来说，不需要西方这种麻烦的办法。为什么？因为诚信记录都写在你的脸上。孟子有言："君子所性，仁义礼智根于心，其生色也睟然，见于面，盎于背，施于四体，四体不言而喻。"就是说，诚信的人看上去很安详，不诚信的人他本身就带着一种不安详的信号。所以中国古人认为，你的表情就是你。一个人要为自己的表情负责，也是这个意思。

显然，要重建诚信，我们至少要做到以下几点。

首先要相信有天道存在。一个人只有相信有天道存在，才会相信在宇宙中有一种看不见的力量在制约着我们的行为，如果他一定要去做一些不应该做的事情，代价是很大的。从古至今，因为诚信的丧失而身败名裂的例子不胜枚举，可以说，一部人类的成功史就是诚信的成功史，而一部人类的失败史就是诚信的失败史。具体到我们的生活中，就是我们每一天是不是尽可能说真话，尽可能做有意义的事情，尽可能按自己的良心去做事。《弟子规》本身就是一部诚信的方法论。

单位领导把重要的工作交代给你的时候，肯定是他对你信任的时候。这就是"信任"这个词暗含的意义。有信才有任，没有信就没有任。反过来，有任才有信，我给你这件工作，你确实按照诚信的原则做了，我则对你更加相信，将给你更大的任务，又是任了。这是一个良性循环。

除了要相信有天道存在之外，我们还要明白宇宙本质上是一种合作。科学已经证实，宏观世界里，地球围绕太阳转，月亮围绕地球转，微观世界里，有电子围绕原子核转，互相依存。

而人伦是天伦的相应。

由此猜测，人体中也有一个轴，有一个围绕轴运转的小星系，这个轴，就是人的"原子核"，那个围绕着轴转动的小星系就是人的"电子"。那么这个轴是什么？就是原子的对应物，我们不妨把它名为"人原"。那个"电子"是什么，就是电子的对应物，我们不妨把它名为"人电"。而电子在围绕原子核转动的同时，也在自转。那就是说，"人电"也在自转。这个公转轨迹和自转轨迹，也许就是人们所说的因果轨迹，就是相士推算一个人命相的逻辑依据。

由此可见，世界本质上是一种合作，生命本质上也是一种合作，合作停止，生命终止。

这个合作，便是诚信的"物理"，当你诚信时，你进入了合作，进入了本性，进入了顺，而本性和顺本身就是成功和幸福。

相反，一个反合作的人，等待他的则是"逆"，是"厄"。

这时，我们就会明白，古人为什么讲舍而得之，因为舍是合作的前提。

而为了更好地合作他人，我们就要：

奸巧语，秽污词；市井气，切戒之。

见未真，勿轻言；知未的，勿轻传。

就要：

事非宜，勿轻诺。

就要：

见人善，即思齐；纵去远，以渐跻。

见人恶，即内省；有则改，无加警。

就要：

闻誉恐，闻过欣。

因为这些都是合作的保障和保证。

一个人只有在成功的合作中才能体会到安全感，安全感来自对整体的认同。西方的焦虑源于过分地强调个性，过分地强调防。

要重建诚信，我们还要让大家明白，奸诈的直接受害者是自己。如果我们细心观察、体会，会发现人在说假话的时候，浑身会出冷汗，脸会红，心跳会加速，就是说那一刻，他已经心不平气不和。从这个意义上说，诚信又是健康学。

也许有人会说，第一次说假话的时候可能会心跳加速，然后慢慢地说多了就麻木了，汗也不出，脸也不红。没错，但是一个正在说谎的人，他的血液会有反应，细胞会有反应，心是麻木了，但是细胞肯定有反应，因为不诚信不符合天道，不符合宇宙的运行规律，就像春天树不发芽就违背天道、冬天不下雪就违背天道一样。所以古人为什么强调天人合一，是因为顺应自然就会得到幸福，得到健康。

可见，要重建诚信，关键要恢复"大逻辑"。诚信是人的本性。当你能回到真心的状态，你就在诚中。当你由真心驱动去行动，你就在信中。关于诚信的回归，只通过社会的呼唤是不够的，我们必须让人们回到"大逻辑"之中，相信"得"由一个大的逻辑在掌控，"失"也由一个大的逻辑在掌控。相信骗是暂时的，偷是暂时的，拐是暂时的。即你"大逻辑"上的钱别人永远偷不去，你"大逻辑"上的幸福别人永远骗不去。换句话说，失去的终会回来，骗去的终会回来，而且是增值地回来。而偷、骗、拐、抢来的也终要偿还，而且是加倍偿还，即使你侥幸逃脱现实法律的制裁，也最终逃不过大逻辑的制裁。

因此，防好自己，成了问题的关键。当每一个人都防着自己，都把心思用在防着自己上，社会就会大安宁。

这就回到"敬畏"二字上。当每个人都怀着敬畏感生活，心也就活了，社会也就活了，幸福也就活了。为此，敬同诚，也同信。

还得回到"廉耻"二字上。因为一个人只有怀着廉耻心工作和生活，才会防好自己。为此，耻同诚，也同信。

一句话，要使每个人都愿意自觉地防着自己，唯有恢复"大逻辑"。恢复"大逻辑"，成了关键中的关键。而要恢复"大逻辑"，就要首先恢复安详。

至此，我们可以得出一个结论："大逻辑"也是快乐的前提，因为"大逻辑"本身就是大看破，大看破自然大放下，大放下自然大自在，大自在自然大快乐。

可见诚信是快乐的底板和平台。如果没有诚信，人是找不到快乐的。一个心虚的人，时时刻刻防着别人的人有快乐吗？连健康都没有。古人认为，健康是怎么得来的呢？心平气和。而一个没有诚信的人，防着别人的人肯定心不平气不和，当然就没有健康。没有健康，天天跑医院，肯定没有快乐。

一个没有诚信的人，肯定不会相信他人，而不相信他人，最终会导致不相信自己。忧郁和焦虑就这样产生了。

要让诚信之树常青，必须让人们从中体会到幸福。而体会幸福自然需要我们从自己做起。拿节约水来说，有的人会想，我今天节约了，但是你没有，大家都没有这么做，我的行为是不是有意义呢？算了吧，我也不做了。

这个想法当然是错误的。因为我诚信，我幸福，和别人没关系。这就像我吃了一顿早餐，自己得到了营养。如果把生命视为一棵树，它成长的全部意义就是结出人格的果实，而诚信，则是人格的核。在民间，人们为什么要给关云长建祠立庙？就是敬仰他人格化的一生，事业成败对他来说不是关键，关键是完成人格。

因此，诚信首先是一个向内的要求，只要自己完成一次诚信，就可以为自己鼓一次掌。这就是"学而时习之，不亦说乎"。我诚信，我快乐，足矣，跟别人没关系。

彼说长，此说短；不关己，莫闲管。

这句话看上去有些老好人的色彩，其实不然，它是让我们把心定在"忠"上，定在"性"上，定在安详上，不要黏在"长"和"短"上，因为一个人的心如果黏在"长"和"短"上，"不亦说乎"的"说"就会离我们而去。

甚至，即使"关己"，我们也完全可以"莫闲管"，因为我们的"本自"是流言伤不着的，流言能够伤着的，是我们的"名"，如果我们稍稍懂得"本自"，就会发现这个"名"和"我"一点关系都没有，既然一点关系都没有，我们为什么要计较呢？

在古代，之所以有那么多关于诚信的感人故事，就是因为古人知道它是幸福的源泉。如果我们看过《尾生抱柱》的故事，就会觉得今天的约会都不叫约会。

一对青年约定在大桥下见面，男青年先到了，便等女青年，左等也不来，右等也不来，再等，大水就过来了。但这个青年坚信，她一定会来的，就抱着桥柱子等，等啊等，但是女青年始终没有来。大水就漫过他的脚、他的膝、他的腰、他的胸，最后把他带走了。

看完《尾生抱柱》的故事，我们可能会觉得尾生很傻，其实傻的是我们自己。

如上所言，古人是把信作为人格建筑中的第一建筑去建造的，就是说，在信这栋人格大厦面前，生命成了材料。我的生命可以不要，但我要完成这栋建筑。对于尾生，他的生命相对于信誉来说已经不重要了，他是给我们演了一出大戏，什么戏呢？关于生命价值的大戏。沿着这个逻辑，我们就会明白，为什么颜回放着高官不做，放着钱财不赚，就要跟在孔子身边。同样，权力和财富对他来说已经不重要了，他的目标是完成人格，达到一个"不迁怒、不贰过"的君子状态，一种诚信的状态。所以在古人看来，生命的价值是什么呢？也就是人为什么要来到这个世界上？答案是完成人格。换句话说，在古人看来，人，就是为完成自己的诚信而来的。当年的那些燕赵侠客，只要答应他人的事情，即使献出生命，也必须完成，就是这个道理。

而有些现代人理解的生命价值是什么呢？就是去赚钱，去享受。

钱是赚了，得到的却是伪享受。为什么呢？因为"诚"是"真心"，是本体，当然就是快乐和幸福的根源，一个人连根和源都没有了，还能快乐吗？由此而知，诚信是快乐的代名词，诚信和快乐是一体两面。

"精诚所至，金石为开"，说明"诚"还是成功学，幸福学。

当然，我这样说，肯定会有人质疑。这不怪他们，为什么呢？因为他们从来就没有体会过诚信给自己带来的快乐。现在这个世界为什么很少看到"船长和小孩"那样的风景了？就是因为人们已经好久没有从诚信中体会到幸福和快乐了。

2010年2月9日，农历腊月二十六，为抢在大雪封路前赶回老家给民工发工钱，武汉市黄陂区建筑商孙水林连夜从天津驾车回家，途中遭遇车祸，一家五口不幸遇难。

2月10日下午，孙水林的弟弟孙东林给哥哥打电话，没人接，他当时就预感出了事，立即给北京警方报了案。

11日凌晨，他赶到了兰考县公安局，后来抱着试试看的态度，去了医院太平间。在那里，一个老人问他找的是不是一个五十多岁的男人，还有一个四十多岁的女人。他的预感越来越强烈。看到他们时，他当即就晕倒了。

2月12日，在开封高速交警支队民警的指引下，他在南兰高速二郎庙收费站附近，找到哥哥已被撞烂的轿车，在后备厢下放备用轮胎的地方，发现二十六万元现金完好无损地放在里面。

"取出钱的一刹那，要替哥哥结清工钱的想法就闪现在我脑海里。"孙东林说，"哥哥今生不欠人一分钱，不能让他欠下来生债。"三十多个小时没合眼的孙东林动身往家赶。

2月12日，已是腊月二十九，上午，孙东林赶回了武汉黄陂老家，来不及休息，就让民工互相通知上门领钱。面对大家，他说："账目及账单现在都找不到了，这是本'良心账'，大家也凭良心领钱，大家说多少钱，我们就给多少。"

"当时在孙家，一边是老人痛心哭泣，一边是孙东林让大家报账领钱。好多工友都说先办丧事，年后再说，可孙东林不同意，坚持让大家收下钱。"一起陪同孙东林来处理孙水林后事的农民工邹爱桥告诉记者说，年前他也领了一万多元工钱。跟着水林老板干了这么多年，还没被欠过工钱。

这真是一个让人肝肠寸断的腊月二十九，这一天，从早到晚前后六十多个民工上门领钱，二十六万元不够，孙东林又垫了六万多，丧子的老母亲也硬是拿出了一万养老钱，"拿去发工钱，不能让儿子背上欠钱的名声"。

孙东林坐在客厅，看着工友们领到一笔笔工钱。他说：

"哥哥就是为了给他们送钱，才赶夜路回乡的。只有把钱发到大家手中，才能告慰哥哥一家的在天之灵。"

13日，孙东林驱车五百余公里，返回哥哥孙水林的车祸事故现场河南开封处理后事，泪水再度喷涌而出："哥，工钱一分不少，年前全付清了，你可以安心地走了。"

这就是打动过很多人的《信义兄弟，接力送薪》的故事。一时间，这个发生在荆楚大地的信义故事，在全国引起了强烈反响，各级媒体纷纷报道。"这对兄弟，感动中国；这样的良知，感天动地。"一位网友的留言代表了许多人的心声。孙家兄弟的感人故事也引发了社会公众的共鸣，有网友发帖留言说："一到年关，有些包工头就玩'潜伏'，逼得农民工跳楼、爬高塔讨薪。包工头成了黑心人的代名词，孙家兄弟让人改变了这个印象。"

这是非常中国的一个故事，是古老民间伦理的现代延伸。在古代中国，这种故事本不稀奇，现在我们之所以津津乐道，说明它已成了稀缺资源。

我们可以作一个初步判断，信义兄弟不一定学过《弟子规》，但有一点是肯定的，那就是他的父母从小是按《弟子规》的精神来教育他们的。因为我们从新闻报道中得知，不欠农民工的工资，他们兄弟已经坚持了二十年。为此，才能有那么多人追随他们，也才有那么多人在孙水林遇难后自发地吊唁。

真是要向信义兄弟深深致敬。

让我们倍感安慰的是，这样的故事越来越多，和信义兄弟一样，广州体彩销售中心林海燕的事迹又大大增长了现代人对诚信的信心。

故事梗概是这样的：有一位先生长期在林海燕的彩票站买彩票，有一天，这位先生出差了，就委托林海燕帮他打彩票号，结果打出来的这张彩票中了518万元的大奖。这笔钱无论对于买彩票的先生还是林海燕来讲，都不是一个小数目。但是林海燕信守承诺，给这位先生打电话，说，您的彩票中了518万元的大奖，请您出差回来拿彩票。当时这位先生还怀疑是不是催他回去结买彩票的钱。大家知道，中国的彩票是不记名的。这张彩票在谁的手里谁就可以拿去兑奖。但是林海燕却一直把这张彩票留到这位先生回来。这位先生拿到彩票，感动得有点不知所措了，他根本不相信会有这样的事情，有人还能经得起这样的诱惑和考验。

这年林海燕被评为中国体彩先进个人，大家觉得这个奖励太小了，应该把她树立成榜样，让全国人民学习。

有记者问我如何看待这件事时，我说，在我看来，社会的奖励是重要，但不是最重要的，最重要的是林海燕自己已经完成了对自己的奖励。从此，会有一种任何外在奖励都不能提供的幸福感伴随她的人生，那才是林海燕最看重的。

一天晚上，我打车回家，到地方后给司机师傅一张人民币，师傅给我找回一大把钱。我说："不对啊，师傅，我给你十块钱，你怎么找我这么多钱呢？"他说："不对啊，先生，你给了我五十块钱。"那一刻我内心体会到的幸福确实是干别的事体会不到的。事实上，那位司机师傅获得的幸福感肯定要比我多得多。在我看来，他也是林海燕。换句话说，从518万元大奖的故事，我们可以推断，在林海燕的人生历程中，还有许多这样的故事，只不过我们不知道罢了。

恭敬之心

《弟子规》整篇都是在讲敬。

　　晨必盥，兼漱口；便溺回，辄净手。

　　斗闹场，绝勿近；邪僻事，绝勿问。

是讲敬身。

　　身有伤，贻亲忧；德有伤，贻亲羞。

　　用人物，须明求；倘不问，即为偷。

　　见人善，即思齐；纵去远，以渐跻。

　　唯德学，唯才艺；不如人，当自砺。

若衣服，若饮食；不如人，勿生戚。

是讲敬德。

或饮食，或坐走；长者先，幼者后。
长呼人，即代叫；人不在，己即到。
称尊长，勿呼名；对尊长，勿见能。
路遇长，疾趋揖；长无言，退恭立。
骑下马，乘下车；过犹待，百步余。
长者立，幼勿坐；长者坐，命乃坐。
尊长前，声要低；低不闻，却非宜。
进必趋，退必迟；问起对，视勿移。
事诸父，如事父；事诸兄，如事兄。

这一段是讲敬长。

冠必正，纽必结；袜与履，俱紧切。

是讲敬物。

非圣书，屏勿视；蔽聪明，坏心志。

是讲敬读。

朝起早，夜眠迟；老易至，惜此时。

是讲敬时。

它要求我们对待万物要有一种敬的姿态。

《弟子规》把对时间的珍惜放在"谨"的教育首位，真是英明，一切"惜"本质上都是对时间的敬畏，而敬畏时间的最好姿态是进入时间，"谨"这一节讲的就是如何进入时间。

人们之所以忽视时间，是因为时间过于和蔼，过于大方，过于从容。

时间也有严厉的时候，那些经历过生死考验的人们可能会有体会，还有考场上的学子，情场中的恋人。但是，我们一旦从这些特定的情境中出来，就会把时间忘在脑后。因此时间不得不制造一些特定的情境，慈悲地提醒一下这些忘性太重的人们。

放下是进入时间的一道门。事实上，真正地放下本身就是进入时间。老子讲无为，他的本意就是规劝人们进入时间。无为是放下那些和时间无关的东西，进入时间就是大有为，因为时间本身就是意义。

　　刚刚从睡眠中出来的人还在时间里，但是当第一个念头冒出脑海时，时光被遮蔽了，或者说时间被挤在身后。马上要进入睡眠的人在时间里，可是当人一旦进入睡眠，时间也随之睡眠了，时间的清泉在"休"和"息"之间流淌。

　　古人之所以倡导人们用减法生活，就是为了让人们进入时间，因为生命的屋子里堆积的东西越多，属于时间的空间就越小。

　　沿着呼吸可能走进时间。它是时间的花朵，一呼一吸之间，一朵花在盛开。我们的生命中每一分钟都有无数的花朵在盛开，但是我们却视而不见，我们只有在累了的时候，在供氧不足的时候，在大口大口呼气的时候，才会意识到呼吸。喜欢游泳的同志可能对呼吸的体会更加强烈，但是可能很少有游泳队员意识到当他从水里伸出头来，张口呼吸的时候，那其实是从时间中借了一口生存的理由。

　　如果我们有足够的细心，就会发现，在深长的呼吸中间，有那么一个"零点"，那就是时间金山露出来的一角，当我们能够把握那个"零点"，就会渐渐看到时间的本来面目。

　　它是死，也是生；它是死的，也是活的；它是动，也是静；它是动的，也是静的；它是无为，也是有为；它是一，也是亿；它是一个巨大的安详体。

　　一个人只有进入时间，才会进入味道。如果我们和时间错过，事实我们已经和真正的"吃"错过，人之所以要每日三餐，是造化让我们通过它进入时间。人们太马虎了，因此造化需要不可或缺的吃来"哄"人们进入时间。

　　真正的能量是时间。

　　人们错过了时间，本质上是对能量的浪费，或者说是辜负。因此，古人让人们在沉默中吃饭，事实上是对时间的礼敬。可是现在不少的吃场却成了斗闹场、情场、游戏场、生意场，时间很生气。时间一生气，生活中人们的胃就出问题。因为时间不在现场的吃是"不熟"的进食，饭菜没有熟，吃下去会生病。

　　如果我们一时无法从味道中进入时间，我们可以让自己把一口菜咀嚼十遍、二十遍，然后下咽，这可以机械地帮助我们进入时间。但生活中，人们更多的时候在狼吞虎咽。为此，地道的茶道就成为一种善，它通过唤醒人们的味蕾，唤醒人们对时间的感受能力。"品"是三个口，意味着我们只有把口细分，再细分，我们才能进入"品"。

　　时间的另一个名字叫慈悲。为什么积善之家，必有余庆，因为善行是时间的存折。换句话说，时间的账户上没有别的，只有善。

水之所以能够解渴，是因为水是液体的时间。水之所以能够洗涤，也是因为水是时间。时间能净。时间躺在清净里。

偶尔的疼痛是一种关怀，它来自时间，是时间对你的提醒，提醒你该回家了。

清晨窗外的鸟叫其实不是鸟叫，而是一群时间的孩子在吆喝时间、赞美时间，提醒你留心时间。这么说吧，是时间让它的孩子们手持杨柳，蘸了时间的露水，往你的心上滴洒。因此，当你听到每一声鸟叫的时候，千万不要觉得它是无谓，那才是我们应该用心珍藏的一粒粒如意种子。

爸爸妈妈！现在，你的小孩如此呼唤你，你开心极了，为什么？请注意，这不是孩子的呼唤，而是时间变了一个花样让你体会它。还有爱情，包括性，都是时间给它的孩子的慈悲。

因此，游戏爱情、游戏性是不招时间喜欢的。如果你不能在爱情和性中体会到"真"，那你已经和时间错过。

春种秋收，是时间的成长。但是现代人整天想的是晚种早收，一天长成的菜和一年长成的菜，包含的时间自然不同。

种子是埋伏在果实里的时间，餐饮之所以能够给人精神，正是时间的供给。

树是生长在大地上的时间，砍伐一棵树，本质上是砍倒时间。

污染环境同样是污染时间。

而死，则是时间的收回。

为此，《弟子规》在"谨"这一节首讲时间，真是慈悲到家。我理解地道的"谨"，就是认识时间，进入时间；地道的珍惜，就是进入时间；地道的爱，就是进入时间；地道的诚信，就是进入时间；地道的顺，也是进入时间；因为时间是"本性"的果汁。

而时间的背面是空间。现在，我们在计算房子的成本时，常常包括地价、造价加税收，其实不对，我们忽略了其中最重要的构成，那就是空间。这个空间是谁的？既不是国家的，也不是地方的，更不是房产商的，当然也不是持有房产证的这个主人的，它是属于安详的。有空间，就有空间里的空气、光线，当然还有许多我们看不见的空间中的"空间"，这些东西，它们没有向我们收取任何费用。就是说，我们在无偿地使用它。而它们恰恰是无价的。既然是无价的，就意味着它是金钱无法买得起的，因为它不是商品，它是一个巨大的慈悲和馈赠。

因此，人的最大感恩应该是对空间和时间的感恩，是对这个无偿馈赠的感恩，能够和这个时空对话的，只有感恩，买卖靠不到边上。

因此，这个世界上本没有富翁，也没有产权。

从这个意义上讲，所有的房主都是债主，这个债，我们是无法还清的。因此，朱子在教导儿孙时说，"勿营华屋，勿谋良田"，他肯定看透了其中的秘密。

在民间，农民用一块地作为宅基地，是要举行一个庄严的仪式的，退土方安土神的仪式。仪式之上，农民会如此请求：土地的主人啊，请你把这块土地让给我，让我暂时居住，我当感恩。当时以为是迷信，现在看来太有道理了。一个人只有真正理解了土地不是人所有的，他才能善用土地，他才能按照安详原则使用土地，他才不会把土地变成自己赚钱的工具。而现在，人们在大片大片开发土地的时候，是否举行过这个仪式？这个仪式意味着什么？意味着人们对时间和空间的敬畏。

如果我们稍稍走进传统文化一步，就会发现，古人对空间是有着高度敬畏的。所以，时间和空间，我们不要把它简单地理解为是一个无所谓的东西。而一定要记住，它是生命力，是资源，是值得我们敬畏的东西。只有在这个意义上你去给孩子讲珍惜粮食，珍惜水，珍惜资源，他才能理解，才能接受。

古人把房子叫安心福地，就是说，如果你住在这里心不安，那就不是福地。

无限度地占有空间是巨大的奢侈，也是巨大的危险，因为空间是公共的。这个房子内的空间看上去为我所有，其实不然。

在农村，人们总是把上房让老人居住，因为老人是经过时间证明的，为这个空间做过大奉献的，因此他住在那个地方平安。

衣贵洁，不贵华；上循分，下称家。

房子也同样。

人在什么情况下最焦虑？选择。工作去留、职位升迁、填报志愿、对象选择等等，都是焦虑之源。拿择偶来说，本应是世界上最幸福的事情，但是现在却时常变成了痛苦。选择甲吗？如果乙是个厅长的料子呢？选择乙吗？如果甲是个省长的料子呢？难。再拿填报志愿来说，选择金融吗？如果将来金融不吃香呢？选择法律吗？如果将来法律没戏唱呢？难。投资也同样，现在有一笔钱，是买房呢还是炒股呢？到底哪个能增值？难。

许多失眠之夜就是这样到来的。

有没有解决的办法？有。答案就是进入第一逻辑。

什么是第一逻辑？大信任。

什么是大信任？把自己交出去。

因为选择压根就不是人分内的事。如果选择是人能够做主的，不就一切都迎刃而解了吗？可是我们不能。

　　既然生命不是自己做主的，或者说生命不是自己制造的，那么我们就只有把它交给"制造商"。"制造商"之所以制造生命，就是为了让他创造价值，因此，肯定会让它到最能发挥作用的地方去。

　　靠着这个大信任，安详诞生。

　　"任"字是一个人荷担而行。什么意思？就是你能够担当大任，能够挑起担子。现在我们都喜欢挑好干的干，轻松的干，没有人挑难干的干。这些人其实有点傻。"任"意味着你干得越多，让你干的那个人对你的"信"就越大。"信"越大，就意味着将有更重要的岗位等着你。

　　这个世界上没有被别人耽误的人，只有被自己耽误的人。

　　这个世界不存在不公平，只要我们明白了真相。如果你一定要指出许多不公平的例子来，那也是暂时的不公平。大时间和大空间坐标上只有两个字，那就是公平。

　　"任"还有一个古义，就是抱着。抱是一个什么姿态？负责的姿态。只有母亲才抱着自己的孩子，只有恋人才会热烈拥抱。因此"任"是什么？任是爱，任是负责。

　　如果第一逻辑不想"任"一个人，它就会把手松开，这个人就会掉下去。

　　当第一逻辑不再"任"这个人时，意味着它已经对这个人彻底失去了"信"。

　　这时候，他再怎么表态，再怎样表忠心，已经为时已晚，因为第一逻辑已经把他说的话不视为"诚"。

人们连自己从哪里来到哪里去都搞不清楚，何谈自信。

信任，但不要自信，人所能做的，就是创造让第一逻辑信任的资本。当一个人带着这种态度工作，他就会把每一天过得非常充实，把每一个细节做得非常完善，把每一个顾客服务得非常满意，把单位当作自己的家来经营。

这时，我们再看

行高者，名自高。

就会有一种特别的意会。这个"名"，当指健康、幸福、成功。

人的另一个焦虑来自对健康的恐惧。今天想着自己的心脏是否正常，明天想着自己的肝脏是否正常，于是保健书成了赚钱的书籍。

这种焦虑其实来自对第一逻辑或者说是安详逻辑的不信任。

想想看，一家人好不容易盖成一幢房子，他们怎么会用了不长时间就把它拆掉呢？好不容易做成一张桌子，他们怎么会轻易把它废弃呢？

只要有用，就会被用。

健康的焦虑之所以折磨着现代人，就是因为有些现代人已经失去了对这一常识的信任。或者说，有些人压根就不知道这个世界上还有这样一个逻辑。

再说，生命是第一逻辑创造的，那么产权就不属于我们自己，我们只有使用权。既然产权不在我们这里，那么我们的担忧就是多余，我们的努力就是多余。

最好的保健就是忘掉保健，按照第一逻辑所爱去生活和工作。

那么，第一逻辑的所爱是什么？是奉献。

而真正的奉献需要爱心作保障，需要无私作保障，需要敬业作保障。

还有一些人，他们既对自己的健康焦虑，同时对家人的安全焦虑。我的孩子今天上学会不会遇上车祸？会不会掉到渠里边？会不会受到欺负？会不会正好吃到不健康的食品？等等。

这些恐惧同样来自对第一逻辑的不信任。

正因为我们每一个人无法为自己的安全负责，所以为自己的安全担忧就是一个伪命题。因为这压根就不是自己能力范围的事，当然也不是人的职责所在。

人的职责就是尽本分，安全是制定安全准则的那个人操心的事。

现在再看"听天由命"，其实是一个巨大的关怀，一把打开安详之门的钥匙。听天由命，这时就不是消极，而是积极。

那么听天的什么？听天的嘱咐。天的嘱咐又是什么？

爱自己，爱别人，爱社会，爱自然。

敬自己，敬别人，敬社会，敬自然。

一个词——敬爱。

我们只有在这个层面上去理解敬业，才会明白这个词的奥义。

工作看上去是我们的一份谋生职业，其实不然。你此生怎么单单要从事这个职业？这背后有一个大秘密。说明这个工作中有你的大缘分在。而只要是缘分，就是一个秘密，一个需要我们带着无比的恭敬和珍惜去对待的事业。

我们每天到单位，到办公室，更多的人是出于单位考勤的约束，签到制度的逼迫，可能没有人想过那个单位，那个办公室，是你的缘分。你为什么就没有到别的单位，没有到别的办公室，大概没有几个人想过。

你在办公室待了一天，单位为你付薪水，这看上去是一个平等交易。其实不然，你在办公室待了一天，你呼吸的空气的费用你付不起，如果空气收费的话；你流失的一天时间的费用你付不起，如果时光收费的话。因此，一个人如果在自己的岗位上没有兢兢业业地工作，那他已经欠了账。这个账，迟早要还。古人认为，许多人都是为还这个账而来。此生还不尽，来生接着还。

一个莫大的失败，就这样生产出来了。

如果细心观察一下周围的人，那些非常自私自利，非常不安详，把生活变成心计，把工作变成算计的人，第一逻辑会通过不断地敲打来让他意识到自己出轨了，如果一再提醒他还浑然不觉，那结局就可想而知，"不可救药"这个成语就是这么来的。

因此，"己有能，勿自私"，既是"泛爱众"的前提，也是幸福的前提。

用人物，须明求；倘不问，即为偷。

凡取与，贵分晓；与宜多，取宜少。

这是关于财富的洁的教育，也是告诉我们什么才是安详的财富。

古人说，财有吉凶。钱不是中性的，不单单是钞票，它有性格。有些钱，你放在自家柜子里，会给你带来好运气，有些钱你存在自己账户上，它会给你带来坏运气。有些钱是天使，有些钱是特工，有些钱是特工埋下的定时炸弹。这就要看这个钱的来路是否安详。

因此，民间说银子会走路，这不是传说。因为银子"有心"，有"性格"。

现在我们虽然不用银子，用钞票，但附着在钞票上的信息是一样的。古人看得清楚，"君子爱财，取之有道"，"不义而富且贵，于我如浮云"，"守身如执玉，积德胜遗金"就是这个道理。一个人能够正确对待钱财，本身就是守身。他的方法是"如执玉"，小心翼翼，再小心翼翼。

民间有这样的说法，一家人在贫穷时可能平平安安，但是一旦家里有些钱，不是这个生病，就是那个出事，就是因为家里有不洁之财。

非圣书，屏勿视；蔽聪明，坏心志。

墨磨偏，心不端；字不敬，心先病。

这是关于阅读的洁的教育。

"子不语怪力乱神"，这是写作和发表洁的教育。遗憾的是，"怪力乱神"恰恰是某些现代传媒争取观众的法宝，怪诞之事、暴力、反伦理、神异成了充斥人们每天视线的新闻大餐。可以说，现代的一些传媒恰恰在反常识。

子为何"不语怪力乱神"，无非是为了让人们"思无邪"，使人们回到"温而厉，威而不猛，恭而安"的境界。

什么是圣书？就是讲安详的书。如果一本书读完不能给人带来安详，那或许是非圣书。一本书可以杀掉一个人，一本书也可以拯救一个人。笔者在《寻找安详》中讲过一本书救了一个人的故事。其实这是常识。现在，我们到书店看看都是些什么书。相当一部分是教人如何算计别人的书，"算计"二字，本身就已经失去了安详。

这时，我们就会明白《弟子规》中所说：

斗闹场，绝勿近；邪僻事，绝勿问。

现在，我们去大街上看看，成人用品店比书店还多，一部分是青少年在买；而所谓的少儿不宜网站，恰恰是青少年在看。有些图书，甚至充斥着色情暴力的内容。

更为可怕的是，这些信息会摧毁孩子的智力。现代传媒发表的不少内容都会引动精气。一个精气大伤的孩子，就像一个电池亏损的手电，它的光亮自然就会减弱，记忆力自然就会下降。

这时，才明白这个鼠标其实是一个暗喻，偷盗的暗喻。

非圣书，屏勿视；蔽聪明，坏心志。

这是《余力学文》一章中关键的一句话，就是说不是圣贤书，一定不能看。要想了解大海，就要读那些到过大海的人写的关于大海的书；要想了解蜡烛，就要读那些手中有蜡烛的人写的关于蜡烛的书，如果一个人连蜡烛都没有见过，那他写的有关蜡烛的书我们就最好别去看。圣贤书之所以为圣贤书，是因为圣人本身就站在人格的金字塔顶。

圣贤是什么？圣贤就是刚出厂的杯子，是亮着的蜡烛，是见到"本性"的那些人。这些人写的书我们要看，因为它是从源头流出来的活水，你的心里装着它，就等于装着智慧的源头活水，就等于时时和他们对话。当时可能没有感觉，但是到了一定时候，这些智慧就会起作用，成全你的人生。打一个比方，如果我们的心灵是一台电脑，经典好比软件，我们是安装圣人的软件还是普通软件，还是病毒软件？

有人讲，要有所选择地读书，读经受过时间的淘汰，经受过无数家长和智者检验的书。

通常，我们读完一本书，需要三四天时间。花上三四天时间，如果你读的是一本垃圾书，多冤枉啊。生命就像一缸米，这勺米浪费掉了，就永远回不来了。

监狱的"狱"是什么意思？我的理解是两条狗把在门边才能看住那个"言"，言语的言，可见古人早就意识到信息是需要我们严加提防的。

为什么垃圾信息会坏人心志？打个比方，你的心是一碗清水，如果我们把一瓶墨汁倒进去，它会是一个什么情形？它还能喝吗？还能洗涤吗？

何况，现在的不少垃圾信息向我们的心泉上浇的是硫酸。

因此，提高信息准入的门槛就成了一个国家最大的民生。

现在不少学校比赛学生的阅读量，这其实是很有问题的。

与其花时间读一千本垃圾书，还不如把一本经典读一千遍。

在学生的学习成长阶段，关键是要把知识吃透、消化并融在自己的血液里。如果有孩子愿意读得更多当然好，但必须是经典，必须是经过时间检验过的经典。

电影《英雄》中有个细节，音乐可以杀人，这不是耸人听闻。有研究表明，音乐的确可以杀人。中国古典音乐是五全音"宫商角徵羽"，对应着人的五脏，对应着五色，对应着五方，它是一个相应，一个和谐。而现代音乐中有两个半音 Fa 和 Xi，听多了会使人焦躁、焦虑、忧郁、疯狂。这时，你就会明白，孔老夫子当年为什么要那么重视音乐。

不仅音乐可以杀人，文字也可以杀人。

古人把我们的心称作心田。人的心是一片田野，每一条进入我们眼睛的信息，都是一粒种子，当时我们可能没有感觉，久而久之，它就会变成我们潜意识中的一个分子，在人生关键的时刻，跳出来起作用。

如果一个人在关键时刻从脑海里闪现出来的是"人生自古谁无死，留取丹心照汗青"，他就会做一个民族英雄；如果一个人在关键时刻想到的是"我是流氓我怕谁"，"过把瘾就死"，他可能就会做出另一个选择。

我这样说无意指责该作者，他肯定没有意识到这些句子会通过现代极为强大、迅速的传媒成为一种流行，成为孩子的潜意识。我只想提醒每一位作家，包括传媒人，包括文化工作者，写下每一句，说出每一句，唱出每一句话的时候要慎之又慎，同时，每一位老师、家长给孩子选择读物的时候要慎之又慎，我们常讲的善恶其实就在这个选择和推荐里面。

大概智者在当初造词的时候就料到会有今天，因此把点击鼠标的这个指头叫作食指。这个"食"，早就暗示了是一个有可能和欲望有关的开关。现在，这个指头不知每天点击多少万次，而这数万次的点击中，真正用于生活和工作的可能不到十分之一，十分之九用于打开那些奔着眼睛来的图文。就像人们无法管住吃、管住舌头一样，面对那些勾引人的图文，这个指头一次次地给眼睛大开绿灯。

《我被我的眼睛带坏》，这是一本诗集的名字。现在，还应该加上一句，我被我的食指带坏。人们大概不会想到，生命之水就在这个"内奸"的配合下成为暗流。而生命之水是个定量，流走的再也无法复原。人生的黄金就被这个名叫食指的败家子一次次挥霍了。

如何管住食指，成为最大的管理学。

不要以为那是轻易的一件事情，不要以为！一定要慎重，要警惕！因为那些信息一旦进入你的眼睛，你就扫不掉了。"时时勤拂拭，莫使惹尘埃。"但是这个尘埃一旦进入，就抹不掉了。在神秀那个年代，环境是多么干净、简单、安详，他都要发出"时时勤拂拭，莫使惹尘埃"的感叹，你都能够感觉到他在说出这句话时的畏惧，我们这个时代就更可怕了。这个最大的尘埃，在我看来，就是铺天盖地的垃圾信息。

所以《弟子规》中又讲：

此未终，彼勿起。

从另一个角度告诉我们要专注。

而当下，最紧要的，就是让孩子专注于经典。经典之所以为经典，因为它们都有"长善而救失"的功能。

同是人，类不齐；流俗众，仁者希。

对于现代人来说，"反流俗"成了我们最迫在眉睫的事情，因为它关系到一个民族的健康兴衰，因为流俗伤仁，伤精，伤气，最终会伤神。

对此，古人有太多的经验值得我们借鉴。

而经过先哲筛选留下的《弟子规》《三字经》《朱子家训》等等，既是绝佳的作品，也是一个民族最为宝贵的家底。正是因为这些家底，我们才有远离尘俗、远离功利的可能，或者说是反尘俗、反功利的可能，才成就了一个民族的从容、中和和安详。这是一个民族的大秘密，也是我们保持"心志"的大秘密。

《说文》注"诗"，志也，《孟子》言"志"，气之帅也，真是英明到家。

这个"诗"既是对诗人的期许，也是对文化人的期许。正所谓"风以动之，教以化之"。

记不得在哪儿读到一篇关于"掘藏师"的故事，才知道好文章是被赋予的，不是写成的。所谓文章本天成，妙手偶得之。而在什么时候写成，在什么时候被挖出来，都是一个秘密。有那么一些智者生前写了许多著作，却不行世，而是把它埋在深山，若干年后，机缘成熟时，由一个特定的掘藏师在特定的时空点把它找到，然后贡献给有缘人。想想看，世界何其大，而掘藏师却要在那个特定的时空点把它找到，那几乎是不可想象的事情。但却找到了，而且恰恰在世人需要它时。掘藏师的使命就是等待那个时空点，或者说他就是那个时空点。世人需要哪部，就正好找到哪部。从这个意义上说，编辑也好，作家也好，都是掘藏师。只不过是被造化赋予了特定的心灵掘藏权。但是，到底谁能够得到这个权力却又是一个秘密。

有人说，写作就是找到属于自己的密码。这话说得棒，但不全对。因为那个密码是被赋予的，而不是找到的，是配不配的问题，而不是能不能的问题。国家核武器的遥控器只能掌握在一个人手里，不是所有人想拿就能拿着的，一般公民甚至连看一眼都不可能。我们只能拿着自家门上的那把钥匙，甚至有时连拿着自家门上钥匙的权利都没有。没长大时，父亲是不放心把钥匙交给我们的。差不多所有人都有过为拥有一把钥匙而苦恼的经历。因为女同学给自己写了一封情书啊，送了一张照片啊，没地方放啊。但是父亲就是不给自己一把锁，当然就没有钥匙。因此，人的成长过程其实是争取拥有钥匙的过程。

圣人之所以为圣人，是因为他掌握了比别人多得多的钥匙，或者说密码，或者说接近本体宝库的密码。我们之所以不能成为圣人，是因为我们离配享有那个密码的距离还太远，更为准确些说，是造化还不放心把那个密码交给我们。

从另一个角度来说，古智者把自己的著作埋在深山，那是一种怎样的自信！又是一种怎样的随缘行！假如后人找不到呢？那不就白写了吗？而写作不就是为了发表吗？不就是为了成名成家吗？而且不是说成名要趁早吗？把倾其一生心血写出来的著作埋在深山，那是一种怎样的超脱和淡定！

既然是掘藏师，面对自己的勘挖对象，除了小心翼翼，恐怕更多的是需要敬意、谦卑、神圣感。造化赋予人类以文字，本身就是赋予文字以神圣感。不然，为什么传说仓颉造字时，会天雨粟鬼夜哭呢？古人认为文字是有神性的，敬惜字纸便由此而来。

一个"洁"字，既是古代文化工作者的理想，也是操守。

传说唐朝有一位非常有名的禅师百丈怀海，每天升堂讲法，都有一位老人来听，可是有一天讲完课，众人散去，这位老人却站在道场不走，他问老人有事吗，老人说，他于五百世前曾住此山，也像百丈禅师一样每天给大家讲法，因为讲错了一句话，被罚作五百世狐狸，现已期满，请百丈禅师以僧礼烧送。百丈禅师就带弟子到后山寻找亡僧，弟子十分不解。不想到了后山，一块大磐石上果然有一只死狐狸，百丈就让弟子以亡僧礼把它火化安葬。

可见说话是一件十分危险的事情。那个老人讲错了一句被罚作五百世狐狸，那么那些写下整本书整出戏来诲淫诲盗的人，还有出头之日吗？

事实上，教人学坏比杀人罪还重，因为杀人只是杀了他的身体，而教人学坏是杀了他的灵魂。而且一本书、一出戏一杀人就是一大片，因为它们会流传，会世世代代去造杀业，就像洪水猛兽，一旦出笼，就再也难以管束了。就像把杂草种子撒在田里，要除尽就很难了。因此古人把人的心称为心田，要四季守护，精心守护。

要想让仁的温暖重回大地，就要全社会齐心协力地推动洁的教育。一个从小接受过洁的教育的人，将来从事文化工作，他就不会见利忘义，制造垃圾产品。

因为敬，所以洁。

爱众之道

《弟子规》是爱的教育：

首孝悌，次谨信。
泛爱众，而亲仁。
有余力，则学文。

孝悌谨信爱仁文，七个根，事实是一个根，那就是爱。孝是爱父母，悌是爱兄弟，谨是爱品格，信和仁是爱他人，文是爱的方法和途径。

凡是人，皆须爱。

为什么？因为

天同覆，地同载。

《弟子规》是一个比量境界。爱人，并不意味着凡是物，勿须爱。人也要爱，物也要爱。东方传统视世界皆为有情，皆须爱。

通读《弟子规》，我们会发现，作者虽然没有明说我们要去爱物，但却通过字里行间告诉我们：

置冠服，有定位；勿乱顿，致污秽。

房室清，墙壁净；几案洁，笔砚正。
墨磨偏，心不端；字不敬，心先病。
列典籍，有定处；读看毕，还原处。
虽有急，卷束齐；有缺坏，就补之。

当你把衣服理解成生命时，你的心里多了一个生命。
当你把几案理解成生命时，你的心里多了一个生命。
当一个人的心里装着无数生命时，他的生命也升华了。

传统文化告诉我们，"天地与我并生，而万物与我为一"，"一日克己复礼，天下归仁焉"。你就是我，我就是你，这正是全息理论所讲的。

什么叫全息呢？专家做过如此描述：

比如，一张照片里面有一个人像，如果我们把这张照片剪成两半，从任何一半中都能看到原本完整的人像，如果再把它剪成许多碎片，仍能从每块小碎片中看到完整的人像，这就是全息照片。全息论的核心思想是，宇宙是一个各部分之间不可分割的、紧密关联的整体，任何部分都包含整体的信息。现代物理学中有一个"超距作用"的概念，就是指任何两个粒子，无论距离多远，只要改变其中一个粒子的状态，另一个粒子的状态也会立即改变。

全息理论之父玻姆用鱼缸里的鱼来做实验：在一个长方体玻璃鱼缸中放进一条鱼，用两台相互垂直的摄像机观察鱼的活动，然后把图像直接在两台电视上播放，他看到电视上的两条鱼在分别做着方向相反速度相等的游动。如果其中一条鱼的状态改变了，另一条鱼的状态同时改变。玻姆以此解释"超距作用"——两个粒子应当被视为同一六维现实的两个不同的三维投影。在三维空间看来，二者没有相互接触，毫无逻辑关联，而实际情况是，两个粒子之间相互关联的方式，非常类似于上面所说的鱼的两个电视图像之间相互关联的方式。

因此，"隐秩序"极有可能是一个高维现实，这个高维，可能是一个不可分割的整体，它是一个包含着全部"场"和"粒子"的整体宇宙。

由玻姆所构想的宇宙本体论可知，我们肉眼直接可见的三维物质世界的独立个体，实际上是更高维整体的一个投映，由于我们不能理解更高维度的整体性因而便误以为我们所看到的一个个人或物是独立的个体。

　　生物学家张颖清教授创立的全息生物学也证实了这一点。从胚胎学观点看，由于在受精卵通过有丝分裂分化为体细胞的过程中，DNA经历了半保留复制过程，所以，体细胞也获得了与受精卵相同的一套基因，它也有发育成一个新机体的潜能。这在植物界表现得十分明显，如在吊兰长出软藤的末端或节枝处，可以萌发出一棵棵完整的植株。又如切下一块长芽的马铃薯，便可培育出一棵完整的马铃薯。而更有力的证据是用胡萝卜的一个分离细胞或细胞团可成功地培养出一棵胡萝卜植株。在动物界也可发现许多证据，如出芽繁殖。全息学说认为，每一个机体包括成体都是由若干全息胚组成的。任何一个全息胚都是机体的一个独立的功能和结构单位，或者说，机体的一个相对完整而独立的部分，就是一个全息胚。在每个全息胚内部镶嵌着机体各种器官或部位的对应点，或者全息胚上可以勾画出机体各器官或部位的定位图谱，全息胚犹如整体的缩影。这些对应点分别代表着相应的器官或部位，甚至可以把它们看作处于滞育状态的器官或部位。在全息内，各个对应点有不同的生物学特性，但是每一个对应点的特性都与其对应器官或部位的生物学特性相似。也可以把全息胚看作是处于某种滞育阶段的胚胎。这便是足疗、耳针治疗全身疾病的理论依据，也是你中有我、我中有你的道理。

世界到底从何而来？现在大家都在争论。其实老祖先已经讲出来了："何期自性，本自清净；何期自性，本不生灭；何期自性，本自具足；何期自性，本无动摇；何期自性，能生万法。"从哪儿来的呢？从"本性"来的，这个"本性"是一，不是二。所以孔子当年把他人生体验精华中的精华作为秘诀衣钵性地传给他的得意门徒曾参，说："参乎，吾道一以贯之。"通常我们给学生讲"一以贯之"这个成语的时候强调的重点是"贯"，就是做事要彻底持久，但是请注意，孔子在这个成语里面强调的重点是"一"。"一"是什么？就是老子也讲不清楚的那个东西。"道生一，一生二，二生三，三生万物"的"一"。它讲的是什么呢？性，本体。既然世界的本质是"一"，那我们大家都是"一"，不是"二"。既然是"一"，不是"二"，那就意味着你是我，我是你。所以我爱你，等于爱谁呢？爱自己。所以从这个意义上讲，我们确实要"凡是人，皆须爱"。

"钓而不纲，弋不射宿。"不幸的是，"钓而纲，弋射宿"却成了某些现代人的经济策略，因为"钓而纲，弋射宿"，人们才能利润最大化。谁都知道"钓而纲，弋射宿"的后果是我们的子孙后代将失去可"宿"之地，那就是电影《2012》描述的情景。那么，在大灾难来临之前，我们该做些什么？

现在全球各种灾难频发，如果人类再不反省，《2012》讲述的情景可能将不再是电影。

2010 年全国政协提案"关于推动我国低碳经济发展的提案"，备受社会各界关注。文艺界知名人士姜昆、韩美林、郁钧剑三位委员在李玉玲委员提出的一份"低碳生活、每周一素"提案上联合签名，表示支持餐饮行业大力推广素食，倡导全社会通过在饮食上的变革为节能减排作贡献。

减少牲畜养殖、提倡素食是节能减排最有效的措施之一，更是提高国民健康水平的有效途径，还是培养一个孩子爱心的主要途径。

一个小女孩的妈妈买了一件狐皮大衣，却引起了小女孩的伤心，因为她在书上看到一只母狐狸每次要产五到八只小狐狸，于是，她画了一幅画，画上是一群可怜巴巴的小狐狸跟小女孩说："因为你的妈妈穿了狐皮大衣，我们才失去了我们的妈妈。"这幅画参加国际儿童环保绘画比赛时，令大家感动不已，组委会用它印制了海报，上面写了一行大字："你们的妈妈穿狐皮大衣，我们却因此失去了我们的妈妈。"

同样，我们可以推理，一个从小凶残或没有爱心的孩子，长大后，难保他不会杀人，更不要说让他有一颗同情心、爱心了。

孔子讲完"吾道一以贯之"后走了出去，曾参的师兄弟就围上来了，说，师兄啊，刚才老师给你吃什么偏分饭呢？曾参说，"夫子之道，忠恕而已矣"。

换了一个说法。这个"忠"，如果我们细心琢磨，就会发现它非常有意思，因为它是"最中间"的那个"心"。在我理解，就是不左不右的那个心，没有污染的那个心，就是前面讲过的刚刚出厂的杯子，没有被污染的那个杯子。其实就是我们讨论的第三个问题，本性。

什么是恕？"如"下"心"，什么意思？就像你的心，将心比心。"将加人，先问己；己不欲，即速已。"让别人做一件事，先问问自己愿意不愿意做，如果自己不愿意做，那就不要让别人做。从这个意义上讲，孔老夫子讲的东西深奥吗？一点不深奥，他讲的全是常识。"忠"和"恕"其实是爱的两个方法论。我们为什么要爱人呢？因为"忠"，大家的本体是"一"，是相连的。为什么要"恕"？将心比心。"恕"，就是讲这个。

如果一个孩子的心中有"恕"，他就会

父母呼，应勿缓；父母命，行勿懒；

父母教，须敬听；父母责，须顺承。

因为假如儿女呼，父不应，儿女求，父不准，儿女心里同样会很难过。

如果一个孩子的心中有"恕"，他就会

冬则温，夏则清；晨则省，昏则定。

因为自己同样冬天不愿意被冻着，夏天不愿意被热着。
如果一个孩子心中有"恕"，他就会

出必告，反必面；居有常，业无变。

因为自己也不愿意在放学回到家时，迎接自己的是一个
冷冰冰的空屋子。
如果一个孩子心中有"恕"，他就会

亲所好，力为具；亲所恶，谨为去。

因为自己喜欢做的事被父母阻止，自己一样会不开心。
如果一个孩子心中有"恕"，他就会

亲有疾，药先尝；昼夜侍，不离床。

因为自己病了，也希望父母陪伴在身边。
如果一个孩子心中有"恕"，他就会

对饮食，勿拣择；食适可，勿过则。

因为粮食来到我们面前，是用一生跟我们赴约，假如我们满腔热情地走了好远的路去找一个朋友，他却连面都不见，你会是什么心情？

如果一个孩子心中有"恕"，他就会极力避免"德有伤"，因为父母在社会上活得光彩自己也觉得光彩，父母活得不光彩，自己也不光彩。

如果一个孩子心中有"恕"，他就会

凡出言，信为先。

他就会

奸巧语，秽污词；市井气，切戒之。

他就会

人不闲，勿事搅；人不安，勿话扰。

他就会

人有短，切莫揭；人有私，切莫说。

因为他不希望别人这样待自己。

至此，我们才能真正明白夫子的衷肠——达巷党人曰："大哉孔子！博学而无所成名。"子闻之，谓门弟子曰："吾何执？执御乎？执射乎？吾执御矣。"

在射箭和驾车二者之间，孔子选择了驾车。

一则驾车是非暴力，二是驾车事关方向。其实这句话是孔子关于人生理想的一个隐喻。他告诉人们，驾驭大局、带给人们一个正确的方向比射击难。驾驭之人首先要知晓目的地，否则就会带错路，甚至把人们带到邪路上去，带进死胡同去。

其实孔子一生所做的，就是教给世人一个正确的方向，告诉世人一个正确的道路，那就是"仁"，就是爱。

孔子为什么不选择射箭？射箭的技术再超群，也是伤人之术，也是伤仁之术。因此他不愿意选择，尽管他的射术很高超。

子曰："麻冕，礼也；今也纯，俭，吾从众。拜下，礼也；今拜乎上，泰也。虽违众，吾从下。"

这是两项改革。前者，把麻布做的礼帽改成用丝来做，这个孔子接受了，因为他节俭。后者，把在堂下给君主行礼改为在堂上，孔子没有接受，因为这个没必要节俭。想到现在一些国家和地区的改革似乎越来越简单，但对自然的索取却越来越繁复。一些改革的目的是方便人，代价却是不方便自然和环境。换句话说，现代的有些改革，总是想着法儿向大自然榨取可供人们挥霍的东西。说穿了，一切都是为了方便我方而设计对方。

凡是人，皆须爱。

只有我们把握了这样一个总原则，我们才能做到

勿谄富，勿骄贫。

你就不会看见富翁非常欢喜，看见乞丐十分讨厌。
你才会

人有短，切莫揭。

为什么呢？因为你揭他的短，就是揭自己的短，我们本来是一体；相反，你应去宣扬别人的善。
因为

道人善，即是善；人知之，愈思勉。

扬人恶，即是恶；疾之甚，祸且作。

它是相连的；你才会明白

善相劝，德皆建。

你劝他改过，就是帮助你自己。

你才会明白为什么要

凡取与，贵分晓。

你才会明白

恩欲报，怨欲忘；报怨短，报恩长。

这些都是《弟子规》精华中的精华。

为什么要报恩忘怨呢？因为报恩意味着你进入顺，进入信，回到诚，回到源头。为什么要"怨欲忘"呢？因为那个怨从根上说是自产的。如果看完《周易》，我们就会明白一个道理，相应，那个怨本质上是我们内心的一个相应。

古人说，行有不得，反求诸己。就是遇到麻烦事，一定要在自己身上找原因。但是现在有不少人总是在别人身上找原因。

如此，我们就再不要埋怨丈夫不好，妻子不好，我们一定要把目光折回来，首先打量自己。怨产生了，一定是我们内心有怨，它是对等的。按照全息理论，确实是这样，一个念头在你的心中产生了，这个念头在所有人的心中都会有投影，这是全息。为什么善有善报？因为你的一个善念产生，发出去的是一个念头，反馈回来的是难以计数的念头，世界上有多少对象物就有多少念头，有多少接受者就有多少的反馈，这是大赚啊，大利息啊，真正的一本万利。

忍辱、报怨、无求、随缘。只要一个孩子略略懂一些，他就会快乐一生。想想看，一个人能在报怨中体会到快乐，这个世界上还有什么能让他不快乐呢？一个人能够从忍辱中体会到快乐，这个世界上还有什么能让他不快乐呢？别人打我的时候我快乐，别人骂我的时候我快乐，别人冤枉我的时候我快乐，别人陷害我的时候我快乐，如此，你就会觉得这个世界就是天堂啊。

因此，从抱怨到报怨，从有求到无求，从反抗到忍辱，从算计到随缘，这既是一个人完成人格的必由之路，也是寻找安详和快乐的必由之路。

而当一个人能够真正做到无求，就会有一个"大有"诞生。

一位作家说他的灵感大多来自两处，一是厕上，一是阳台。

一直在想为什么，后来明白，厕上无贪。人在进食时有贪意，厕上没有，因此容易进入定。去阳台肯定是在劳累之后，为了放松，自然是一种无功状态。前者无贪，后者无功，本质上都是无求状态，灵感才来。

灵感如此，命运就更不用说了。

拉动消费的主体是住房，消费住房看上去是房子，其实是资源，而且用在住房上的资源是不可再生的。当几十米的水泥柱打向土地，作为耕地的土地已经永远死去。水泥是土烧制的，当一栋摩天大楼拔地而起，意味着几座山永远死去，同时意味着地球上多了无数立着的尸体，那是拌着钢筋的水泥、砖、石灰。

因此，消费的终端是大地，说穿了是地球。其实是整个空间。烧制水泥要排放废气、污水，付出代价的是空气和河流。

炼钢需要电，发电需要煤，而煤是大地母亲的血肉。

为了拉动消费，我们可能要呼吸被污染的空气，饮用被污染的水，食用被污染的粮食，忍受被污染的心灵带来的焦虑。

我们最终在消费自己。

发明消费刺激生产理论的那个美国人无疑不是一个智者。刺激消费是一个深渊，只能加速人类的灭亡。因为消费的终端是资源，是大自然，是地球。按照人类现在的消费模式，地球到底还能够存在多少年，是个值得思考的问题。

细想起来，生命是由无数的缘分组成的。

生命的奥秘说穿了是缘分的奥秘。

通常情况下，人们一讲到缘分，就会想到一些大事、巧事、奇事、趣事。

其实不然。缘分其大无外，其小无内，它是时时刻刻。

这一世，你生在中国，没有生在美国，这是缘分。

这一世，你和甲喜结连理，而非乙，这是缘分。

这一世，你是医生，不是老师，这是缘分。

这一刻，你的脑海里闪过一个念头，这是缘分。

这一刻，你突然想起一个故人，这是缘分。

这一刻，你完成了一次呼吸，也是缘分。

这一刻，你喝了一口水，同样是缘分。

……

在我看来，缘分是"后不再有"的代名词，也是"永不再来"的代名词，它是一个特定的时空点，如果错过，就永不再来。比如初恋，对于这一世的这一对，它是唯一的，不可复制的，永不再来的。现在，我们后悔当初没有全心全意地投入，想再来一次，已不可能了。

人无法两次踏进同一条河流，讲的就是缘分。

如果我们懂得了缘分，就会发现，生命就像一次刺绣。

一件"绣"，看上去是"绣"，本质上却是一针一线。

无数的一针一线连缀在一起，便成了"绣"。这个一针一线的"一"，其实就是"无数"，或者说，这个"无数"，其实就是"一"。

当下就是一切，就是这个道理。

因为如果缺了其中的任何一针一线，就没有这个"无数"。

这些缺下的"一针一线"，就是玉的瑕疵，就是堤的漏洞，就是生命的病。

一个人只有真正懂得生命是一次刺绣，才有珍惜可言，才有敬业可言，才有爱可言。

当我们把每一个来到我们生命中的缘分视为后不再有，我们自然就懂得珍重。

珍重，因为珍，所以重，因为对于生命来说，每一个来到我们面前的缘分，都是宝贝。

真正的宝贝是缘分。

为此，懂得惜缘的人，善于惜缘的人，成了这个世界上的首富。

那么，如何才能做到惜缘呢？

回到现场。只有回到现场我们才能抓住缘分的根，或者说是缘分的心。

纯粹地回到现场便是自在，这不容易，需要我们把所有的"非现场"放下。打个比方，一粒米来到我们面前，可是我们却在闲谈状态下把它吃掉，连一粒米是什么味道都不知道，这就是"非现场"进食，我们和一粒米的缘，就永远错过了。

或许有人会说，如果我一直沉浸在吃的现场中，那不就意味着我和闲谈错过了吗？

这就需要我们来讨论一个词——本分。

吃饭时吃饭，睡觉时睡觉，这是本分。

上班时工作，下班后休息，这是本分。

如果我们吃饭时睡觉，睡觉时吃饭，那就是非分。

如果我们上班时休息，休息时上班，那就是非分。

尽到本分即是善。

可见，尽到本分需要一种高度的警觉，因为人有惯性，稍不留意就会滑脱。

现在是上课的时间，但是某个学子却在宿舍睡大觉，那么对于这位学子来说，他没有尽到本分，恶便发生了。那么，这天他的衣食用度就是一次欠账，就是非分所享。

而非分意味着不吉祥，因为它不对等。

生命就像一次刺绣，每一针都不能落下，每一针都不能错误，这就需要我们时时刻刻守本分，在现场。

执虚器，如执盈；入虚室，如有人。

讲的就是这个姿态。

这种警觉需要在细节中训练。古人为了让人们回到这种警觉中，创造了许多方法。比如早课，就是提醒我们进入警觉；比如晚课，就是让我们检查今天是否在本分中度过，在现场中度过。如此天长日久，就是养成。

一个人的"成人之美"，就这样发生了。

践行《弟子规》的六条原则

　　《弟子规》是要我们去实践的，是要变成我们的习惯，然后成为自然的。如果我们把《弟子规》比作一个面包，那么，只有"落地"，才会变成我们身体需要的营养和能量，否则，它和我们的生命没有任何关系。

超越原则

随着实践的深入，你会发现《弟子规》也有矛盾之处。比如说

人有私，切莫说

和

凡出言，信为先

撞了车。对一个学生来讲，同学做了错事，老师问他谁做的，因为学过《弟子规》，就有了两难。跟老师说吧，《弟子规》说，别人的私密，一定不要说；不跟老师说吧，它要求我们，凡是说话，要以诚信为先导。这个时候学生如果问你，作为老师你应该如何回答？这就要求我们找到一个更高的原则：

善相劝，德皆建。

就要看你的动机是什么，你的动机是让老师惩罚他一顿呢，还是帮助他改过。为此，《弟子规》需要我们辩证地学，辩证地用，更需要我们带着一种超越性的精神去学习、教学、传播、实践。

如果我们不以一种超越性的精神去学习、教学、传播、实践，要想真正把《弟子规》推广开来，是很难的。大多数孩子会将信将疑，包括家长、校长，他们会认为《弟子规》解决不了问题。我们要让《弟子规》解决现代人的问题，一定要把《弟子规》背后隐藏的大逻辑给大家讲清楚，如果讲不清楚，那么《弟子规》只是一篇华文而已。怎样才能把这个大逻辑讲清楚？首先要发现问题。我们到底在哪儿出了问题，哪儿需要这把钥匙，要搞清楚。

现代人活得非常累，非常辛苦，非常可怜，比过往的任何一个时代人们的心灵负担都重，重在哪儿？重在我们这个时代是一个多元的时代、信息的时代，重在我们这个时代的风特别大，树欲静而风不止，你静不下来。如果一个人找不到一种强大的安妥自己的力量，那他的一生都在飘摇之中，更别说幸福。心理学家调查，现在很多人都有焦虑症，而且不少是重度焦虑症。

有人给我讲，他觉得把钱存在银行十分不安全，为什么呢？担心银行会破产，那样他存在银行的钱不是归零了吗？他问我该怎么办，我说那你把那些钱取出来兑成真金实银放在家里啊。他说那更不安全，如果被小偷盯上，归零更快。我说那你把钱分存在不同的银行。他想了想说，还是不安全，要是哪一天，他发生一个什么意外，来不及把密码告诉妻子和孩子，这不又归零了吗？

还有一个朋友跟我说，他每天出门上班的时候，感觉很恐惧。为什么呢？他说走上大街的时候，看见那么多的车，万一哪一个车主正好是喝过酒的，或者正好是变态的，撞上来怎么办？

因此，给现代人提供一份心灵的清凉，就显得非常迫切，也非常重要。我们推广《弟子规》，也要从《弟子规》里提炼出来一种有普世意义的，能够被任何一个人作为开心钥匙去用的东西，这就是超越性。

以上焦虑和痛苦，其来源，可以用一个成语来概括：患得患失。

现代人患得患失到什么程度？到了有人说生吃泥鳅可以去虚火，居然有人相信。这是一个需要我们好好考量的问题。如何才能不患得患失？古人给我们开出的药方还是一个成语：心安理得。

这个"理"是什么呢？《周易·系辞上》有两句话："观乎天文，以察时变，观乎人文，以化成天下。"透过这两句话，我们会发现一个原理，那就是人文其实是天文的一个倒影。天文演绎的一个是诚，一个是信，就是一个人按照交通图出行，按照交通规则行走，就会顺利到达目的地。否则，红灯不停，绿灯不行，就可能会有危险等着他。

这个"理"，我个人认为是天文的倒影，也就是我们通常讲的人文。

只有"理得"才能"心安"。《弟子规》就是一个绝佳的理。它告诉我们，怎样做是合法的，怎样做是跟幸福相对应、跟快乐相对应的。

那么最大的"理"是什么？

厚德载物。这是生命走向成功走向灿烂的一个秘诀。在古代，财富、幸福、美丽等，都是"物"的范畴。这个"物"从何而来？从厚德而来，它是厚德之树上结出的果实。根有多大，冠就有多大。一个载字，道尽了其中的秘密。换一个说法，就是说你要走向成功的大海，那么载着你的船的河水要有足够的高程，这个高程，就是道德的厚度。

那么，什么是道德？

简单地说，道者，宇宙万物的运行规律；德者，按照规律去做。

换句话说，道者，就是天意；德者，就是如意。

《弟子规》讲的 113 件事，就是在讲德，就是在讲安心之理。

而安心，大概是世界上最难的一件事。

当年有一位叫神光的先生苦苦寻找安心之法。

当他知道达摩在少林寺面壁，就去拜访，但达摩仍在面壁。他就站在洞门恭候，不想天降大雪。神光就顶着大雪，在洞门外站了整整一晚上。

第二天的某个时辰，洞里传出声音："凭你这么一点诚心，就想得到我至高无上的安心秘诀吗？"

神光说："请问末学如何才能证明有足够的诚心？"

达摩说："除非天降红雪。"神光很聪明，当即拔出佩剑，把自己的左臂砍掉了。

然后说："师父，现在已经天降红雪，请传我安心之法。"

达摩确实感动了，转过身来说："好啊，请拿出来你那颗不安的心，我替你安。"

神光找啊找啊，结果是了无所得，找了好长时间，却找不到那颗不安的心，拿不出来啊。

达摩说了一句话："我已经替你把心安好了。"

神光恍然大悟。

之后，达摩把衣钵传给他，成就了历史上非常有名的禅宗二祖慧可。

神光当时为什么听到达摩的那段话后会恍然大悟？这是一个很大的话头。

那颗不安之心，本质上是一个假象，真实的那个心，是本自清净的，本不生灭的，本自具足的，本无动摇的，而且是能生万法的。

就是说，我们的心本来是很安定的，那么，又是什么让我们的心不安定了呢？

就是我们已经不在"理"中。

之所以要讲这个公案，只是想告诉大家，安心在古代都已如此之难，要人奉献出一条胳膊才能换得，而一个如此纷繁，如此复杂，如此欲望的现代，要想获得，就更难了。因此，要让我们的孩子学好真是太不容易了。

我们每天都活得非常非常艰难，也非常非常危险，为什么？

我们做任何一件事情，都要经过一番选择。

拿饮食来讲，十位营养学家十种说法，到底听哪一位的？有人说食肉就是往身体埋定时炸弹，有人说不食肉会营养缺乏，我们到底听谁的？

其实古人早就给了我们答案，还是一个成语：自然而然。这个成语非常有意思。它告诉我们，在我们生存的大环境里面，有一种规律在，名曰自然而然。比如说早晨起来我们肯定会见到太阳，晚上会见到月亮。如果某一天早晨起来见到的是月亮，就不叫自然而然。但是我们现在已经不愿意相信这个成语。我们都想从一些速成、一些营销、一些经营中去获得成功。

我们都知道，一粒种子进入土壤，它会长成一棵参天大树，但是请问把一块牛肉埋在土里面，能不能长出一头牛来？肯定不行。可见种子里面浓缩了宇宙精华，而且饱含着全息的持久的成长力。所以我们吃一碗米，其实是吃掉了一个森林，一个浓缩的森林，获得的是一个森林的潜在能量。有的种子在常温下可以存放好多年，说明它本身含有完善的防腐功能。我们的老祖先用自然而然之理告诉我们，自然而然的东西肯定是最有营养的。《水是最好的药》讲的就是这个道理，但是我们已经不愿意相信，我们就要想着法子去喝那些保健品。岂不知，如果造化认为那些饮料有营养，那么当初肯定就造出来了。为什么？因为造化是最慈悲、最有爱心的。他给我们当初创造的饮用品是水，那它肯定是无以复加的，肯定是最棒的。

何况营养学家给我们提供的只是营养的"物理"部分，而"天理"和"心理"部分，他永远无法分析，也无从分析。真正的营养，真正的蛋白质，真正的脂肪，真正的维生素，无疑在"天理"和"心理"里。就是说，我们现在看到的营养图谱，只是贴着地面的，和人等高的，高出地面的部分，高出人的部分，营养学家够不着。

现在，有许多人生命终结于消化系统癌症，什么原因呢？就是从这儿来的。想想那些油腻的动物性食品，它在经过我们肠胃的时候，我们的肠胃是一个什么样的状况？中国的老祖先，特别是道家，他们是不吃炒的东西的，所有的东西都是清炖、蒸。这是对自己的一份保护和关怀。这是常识，但已经没人相信了。没人相信生活就教你相信：地沟油出现了，垃圾肉出现了，瘦肉精出现了……人们这才明白，原来在家里吃饭最安全，原来"自然而然"最科学。

现在，有些人什么都相信，就是不愿意相信常识。

如果沿着"厚德载物"这个大前提去追索，你会发现古人给我们创造了很多走向成功和幸福的方法论。比如说"求之不得"，这个成语真是越琢磨越好，当你去拼命地追逐一个目标的时候，你恰恰得不到它。

幸福是什么？幸福就是你静静地坐在那儿，突然发现有一只蝴蝶落在你的肩膀上，这就是幸福。但是如果你说，哦，原来幸福是蝴蝶，就拼命地去追、追、追，蝴蝶却再也回不来了。好多现代人是开着幸福的车子满世界去寻找幸福，最终把轮胎都开爆了，还不知道幸福是什么。

有这样一个故事：姐妹两人两种人生观。姐姐认同安详，认同在最朴素最简单的生活现场寻找幸福。妹妹是一位浪漫主义者，她的理想是在大海边建一栋别墅，每天早晨推开窗户，面朝大海，春暖花开，但当她在大海边真的住了一段时间以后，却回来了。姐姐就对她讲，如果一个人的心中有大海，那么他会在世界的任何地方看到大海；如果一个人的心中没有大海，就是泡在大海里面，也不知道大海是什么。

事实上古人给我们提供的一切关怀都是从这个角度来的。如果大家看过《朱子家训》，就会发现朱子和现在的父亲是多么不同，他竟然给他的儿孙讲"勿营华屋，勿谋良田"。现在的家长和老师怎么给孩子讲？一扇房门上挂一只草鞋，另一扇房门上挂一只皮鞋，每天问孩子一次，你是想穿皮鞋呢，还是想穿草鞋？孩子当然说想穿皮鞋。家长说那你就好好奋斗，却没有给孩子说穿草鞋也会幸福，因为幸福在心里，不在鞋子上。更何况，在酷暑季节，穿草鞋就比穿皮鞋幸福。

现在我们教给孩子的是一种什么样的幸福观呢？角逐。古人却不这样讲，他引导孩子回到内心，回到本体，回到本性，回到根。他知道只要你回到根，就会春来草自青。只要春天来了，草自然会青，不用你去找的。只要我们完成顺，就能得到，多省事啊。

现在的一些教育，只有一个方向，那就是让孩子去远方，最后把孩子的心带到再也找不到回家的路的地带。社会上之所以有这么多不堪回首的事情发生，最根本的原因就是人们已经找不到回家的路了。

《弟子规》360 句，113 件事，本质上是给我们提供了 113 个回家的入口。

和"求之不得"对应的还有一个词"舍得"。事实情况是，当你"舍"之后，"得"自然发生。

老子讲无为，原来不懂，怎么想都想不通什么是无为，后来有一天，突然明白，无为就是舍得，就是你把欲望的那一部分放下，把追逐的那一部分放下，把满世界去找蝴蝶的那些辛劳放下，静静地坐下来，自然得到，蝴蝶自然到来。

那个杯子已经用了好多年，被污染得很严重了，但是当你把污染的那部分放下、放掉，本体自然出现，这就叫无为。就是舍掉多余的、无用的、假的，那么本质的、有用的、真的自然呈现。

上善若水，择低而泄，就是讲水的无为，水的不争。

因此，人生的智慧在一定意义上讲是舍的智慧。

如果一件事情一百年之后它跟你的生命没有关系，就是假的。一根金条你花了很大的代价，放在你们家保险柜里，可是一百年之后呢？它是谁的？

万般将不去，唯有德随身。只有道德是永恒的，道德会通过一个家族流转。有人做过统计，到清朝时，范仲淹的后代中相当于现代的部长级的人物已经有七十二位。这七十二位是一个果，因是什么？"先天下之忧而忧，后天下之乐而乐"。这一句话讲的就是舍得，把我、自我舍下去，回归到忘我、大我、公益的海洋中。那是一个再大不过的"乐"，即便是忧，也是乐。因为对于一个忘我的人来说，忧，也是公益。

当一个人把开关拨到自私这一面的时候，他用的是电池，拨到公益这一面时，他用的是交流电。

求之不得，舍而得之，真是好啊。

与宜多，取宜少。

意思要多给别人，少从别人那里索取。它是有道理的。当一个人能够从舍中体会到幸福，那他就真正领会了《弟子规》的精神，也领会了人的意义，就离真幸福真快乐不远了。

《朱子家训》有言："刻薄成家，理无久享；伦常乖舛，立见消亡。"真是好。

如果我们不遵从安详原则，不遵从《弟子规》，即便是发家了，赚大钱了，也会立见消亡，保不住呀。

就拿企业来说，如果我们把"成家"视为经济理想，那么一个企业之所以不能够实现这一理想，重要的原因就是"刻薄成家"，就是"伦常乖舛"。"刻薄"意味着不厚，"乖舛"意味着无德，而《易经》告诉我们，只有厚德才能载物，德是根，物是花。同理，经济之树要四季常青，必须仰赖于道德的厚土深根。

现代不少企业，之所以像秋叶一样随风飘落，就是忽略了这一点。

中国古人把夫妇、父子、兄弟、君臣、朋友称为"五伦"，把仁、义、礼、智、信称为"五常"。五伦之根是"亲"，五常之根是"爱"，合称"亲爱"，这个"亲爱"，既是价值，也是规律。如果把我们的生命视为一列驰向幸福的列车，那么，"五伦"和"五常"就是它的双轨，就是我们获得根本幸福的必由之路，也是我们获得成功的必由之路。而"刻薄成家"和"伦常乖舛"，究其实质，就是反规律。试想，一列列车，它脱轨而行，意味着什么？

"三聚氰胺"事件让三鹿集团倒闭，可谓再典型不过的例子。

同样，一个经济体要想健康发展，是需要以每个员工的修身为前提的。如果每一个员工都能够做到格物致知、正心诚意，那么他们就会把任何一个生产环节都做到尽善尽美，而一个能够把任何生产环节都做到尽善尽美的企业，还能不受众人拥戴吗？

也许，真正的经济就是通过一种行为把生命的幸福最大化，而这个"大"，就在"诚"字里。这时，我们就会明白，孟子为什么说"诚者，天之道也，思诚者，人之道也"。既然"诚"是天道，那么，它无疑代表着成功、幸福、圆满、永恒。可见，它也应该是经济之道。

古人经营企业，事实上也是在完成道业。他们在行走，但永远没有忘记因何出发。而一个没有忘记因何出发的人，他的行走，在我看来，就是"经济"了。

在中国古人看来，人之所以要来到这个世界上，就是为了完成道德。而现代人理解的生命价值是什么呢？大多是赚钱、享受。但到头来却发现这个享受要么是短暂的，要么是虚幻的。钱是赚了，得到的却是伪快乐、伪享受。为什么呢？因为这个快乐不是来自源头活水。换句话说，赚钱是会给人带来快乐，但不会是"根本快乐"，"根本快乐"在"舍"里，在道德里，在诚信里。古人把"诚"视为"真心"，一个人失去了"诚"，就意味着他已经失去了"真心"，而一个失去了"真心"的人，他已变成"假"，对于"假"来说，真正意义上的成功和幸福就无从谈起了。

而一个人要回到"真"，就要从"与宜多，取宜少"做起，因为最大的"假"是"自我"。"与"不是"真"，但是"与"可以帮助我们弱化"自我"，走向"真"。

可见，"舍"也是通向"诚"的门径，走向"真"的道路，获得"根本快乐"的方法论。

孟子曰："爱人者，人恒爱之；敬人者，人恒敬之。"

这个世界上很少有人你给他好处他不回应的。一个念头产生，世界上就有一亿个对应，这就是古人讲的"千江有水千江月"，多好啊。这是中国人的智慧，你的念头就是天空中的明月，地下有多少江河就会有多少月亮，真是好。这时，我们就会明白为什么古人一直强调要善护念，要保护我们的念头，因为念头是一切事物的因，种子。

从"伦常乖舛"可以得出这样一个公式：一个人的道德存量跟他的支出、消费不对等的时候，他的生活就会发生不测，为什么？赤字了。赤字了别人就会封门啊。

人的成功有三大条件，古人把它叫三大资粮。第一，天根，第二，福根，第三，苦根。

天根在出生时就赋予每个人了，我们无法改变，只能顺承。

福根是什么呢？就是你以前存过的，你的祖上存过的，好多善的存量，换句话说，就是你善的存折上的"钱"。

苦根是什么呢？就是一个孩子拿到的吃苦学分。一个人没有进入过田野，没有经过耕耘，没有经过骄阳下面的收获，没有体会过那种感觉，不知道粮食是怎么来的，你要让他珍惜粮食，是很难做到的。只有让他经历播种、收获的过程，他才会珍惜。可是现在的孩子缺了这一课。

因此，建议家长一定要给孩子安排足够的吃苦作业，要让孩子一出生就去找苦吃，因为它是一个人成功的根之一。只有"天、福、苦"三足鼎立，孩子的人生才能立得稳。可是现在的情况是如何的呢？举一个之前看到过的例子：一个学生到学校，才发现妈妈把他的课本装错了，为什么装错了，今天老师调课了，而妈妈是按课表装的课本。请注意，这是一位四年级的学生，每天的书却是由妈妈来装的。

这样的孩子，将来怎么能够走向社会？怎么能够服务他人？

从这个意义上来讲，我们一定要想方设法给孩子提供一些吃苦的环境、情境，让他去锻炼，让他的手磨出一些老茧，让他流一些汗水，这是非常非常必要的。因为这符合先舍后得的原理。"伦常乖舛，立见消亡"，如果孩子吃苦的存量不足，其实最后是害了孩子。

最大的成功秘诀是什么？古人讲，但行好事，莫问前程。最大的好事又是什么？当然是让更多的人明白这个道理。由此可知，天下最有意义的工作，无疑是做一个好老师。

什么是善？点亮别人的心灯就是善。

什么是好老师？点亮孩子的心灯就是好老师。

这些年，给一些教师培训班上课，我常说，作为老师，一定要牢牢记住，从我们嘴里出来的不是普通的语言，是种子，是点亮那些可爱的小家伙心灯的种灯，这时候我们就对这一份职业生起一份敬畏、一份责任、一份恭敬。而一个人只有带着恭敬、责任去从事一项工作，才能真正把活干好。

爱是最大的技巧。一个人心中有爱，方法自然会出来，不需要学那么多教学法，不需要学习那么多西式的激励技巧。带着一颗爱心，去把那一个个沉睡中的蜡烛点燃，让世界充满光明，让爱温暖人间，这就是好老师。

在这个价值多元、信息爆炸、诱惑众多的时代，老师肩负的使命比任何时期都艰巨，在一定意义上是从事着"刀下留人"的工作，眼看着一个孩子要进去了，要废掉了，拉他一把，这是多么有意义多么功德无量的事情！

做一个好老师是幸福的，学为人师、行为世范是幸福的，为人师表是幸福的。想想看，还有哪一种工作有比把心灵作为良田去耕耘更幸福？没有。

拿着火种，不停地去点燃那些小蜡烛。想想看，到了晚年，一回首，面前是一片灯的海洋，多幸福啊，还有哪一个行业能够收获如此的幸福的？没有了。

可见，最大的舍是智慧。

其实《弟子规》，113件事，360句，1080个字，已经等而下之了，它是给比较偷懒的人创造的一种方便，不用动脑筋，只是照着做就行了。事实上，如果按照《弟子规》的精神，我们接着写，完全可以写到一万多件事。因此，我们学《弟子规》，不能局限于《弟子规》，它是一个比量。

而且随着时代发展、语境变化，当时开列的行为菜单会和现实发生一定错位。

一个妈妈正在绣花，她怎么能想到会有一个锤子落在她的头上，而这个横空而来的锤子居然来自她的儿子，并且一下子就结束了她的生命。这是我们在新闻中看到的发生在文明社会的事情。像这种儿子亲手把自己最亲爱的母亲送上西天的事情，是李毓秀先生始料不及的，因此没有写进去。否则他就会写一句：殴父母，兽不如；杀父母，理不容。

过春节的时候，一对夫妇收到儿子寄来的一个包裹，儿子在外地上大学，没回家，只寄回一个包裹，这对夫妇当然很高兴，觉得儿子还有孝心，给他们寄了这么多年货。可是打开一看，是一包衣服。什么意思呢？穿脏了的衣服全部寄回来，让妈妈洗。这样的事情也是李先生始料不及的，因此也没有写进《弟子规》，但并不意味着《弟子规》的精神就不适合这些孩子。

我们学习《弟子规》，一定要学习它的精神，它的精神永远不过时。

千万不要认为《弟子规》中要求的就是善，就是需要我们去做的，《弟子规》没有提到的就不是善，就不是需要我们去做的。

快乐原则

现在，已经有不少学校把家长和孩子能够背下来《弟子规》作为新生入学的必要条件。这个做法非常好。但要真正把《弟子规》变成营养，最关键的还是要和快乐接轨。

在推广《弟子规》的时候，我们一定要让孩子体会到其中的快乐，成人也一样。

如果一门学问，不管多么精彩，最后它不能解决你的问题，不能成为你的快乐资源，那这门学问就是伪学问。

有许多站在知识金字塔顶端的人，他并不快乐，说明知识和智慧是两回事。

如果我们学了《弟子规》之后，没有变快乐，烦恼依旧，那就说明学偏了。我们让孩子学习，而他们没有从中体会到快乐，他们是不会真正去学的。"学而时习之，不亦说乎"，要让孩子在"习之"中体会到"说"。

过去有些江湖郎中给别人看完病第一不收钱，第二不收物，第三还不留名，那他要的是什么呢？他要的就是做完好事之后内心的这种喜悦。

我们教育孩子，孝敬老人，就要首先让孩子明白，孝敬不是义务，孝敬是享受。父母爱儿女不是义务，是享受。这个世界上再没有比天伦之乐更让人享受的。当一个母亲面对孩子睡容的时候，那种快乐是无与伦比的。现代社会为什么会有不孝的现象发生？就是这些人已经很久没有尝到孝敬和爱的滋味了，他们从孝中打量快乐的那双眼睛永远闭上了。

孝敬为什么在中华民族的历史长河中，一直流传下来，正是因为它是一个巨大的快乐。我们唤醒人们孝敬老人，就要首先告知人们，孝敬是快乐的源泉，然后动员大家去验证、体会。

孔子的学生子路因为贫穷，常常自己吃野菜，却从百里之外负米侍奉双亲。父母死后，他做了大官，奉命到楚国去，随从的车马有百乘之众，所积的粮食有万盅之多。他坐在垒叠的锦褥上，吃着丰盛的筵席，却不快乐。他说，我现在非常想吃野菜，非常想去给父母到百里路上负米，但是时光不会倒流。

宋人朱寿昌七岁时，生母刘氏被嫡母嫉妒，不得不改嫁他人，五十年母子音信不通。神宗时朱寿昌在朝做官，曾经刺血书写《金刚经》，行四方寻找生母，得到线索后，决心弃官到陕西寻找生母，发誓不见母亲永不返回。终于在陕州遇到生母和两个弟弟，母子欢聚，一起返回，这时母亲已经七十多岁了。

透过这两则故事，我们可以知道，古人是如何痴迷于亲情，享受于亲情，陶醉于亲情的。这种痴迷、享受和陶醉，可以让他们处荣华而无味，弃朝官而不悔。

现在有部分年轻人已经不愿意跟父母住在一起，大学还没毕业，就嚷着买房子。买房子干嘛呀？娶媳妇。娶上媳妇干嘛呀？跟父母分开住。我们都知道，古传统是四世同堂，甚至五世同堂。

因为人们已经从天伦、人伦中找不到快乐，所以才有这么多的原子家庭，而原子家庭给人带来的是什么？是冷漠，是冰凉。可以想象一下，你下班以后，回到家，那个屋子里面等待你的如果是冰凉的地板、空气，和老人给你开门的那种感觉，该是多么不同。

原子家庭生活方便是方便，但是生命中却少了来自老人的那种心灵上的安稳和温暖，这也是一些现代人越来越冷漠忧郁的一个原因。

幸福更多的时候是一种常温，如果一个人一生都要活在激情之中，那个幸福要么会自燃，要么会他燃，甚至是一种危险。

四世同堂的好处是，它还是天然的一堂大课。你在家里孝敬父母，事实上是告诉孩子如何孝敬父母，并把孝敬作为一种习惯，这种习惯，本身就是天伦，本身就是快乐。

春秋时期，楚国隐士老莱子，为躲避世乱，自耕于蒙山南麓。他孝顺父母，尽拣美味供奉双亲，七十岁尚不言老，常穿着五色彩衣，如小孩子般戏耍，以博父母开怀。一次为双亲送水，进屋时跌了一跤，他怕父母伤心，索性躺在地上学小孩子哭，二老大笑。

一个哭，一个笑，真是演尽了天伦中的快乐和感动。

利他本身就是一种快乐，我们一定要让孩子在利他中感受到快乐。

有一次我跟一位朋友在办公室聊完天，回家时，经过女卫生间，听见水在哗哗地响，我问了几声有人吗，没人应，就冲进去把水龙头关掉。朋友就嘲笑我，说每天地球上有多少人在浪费水，你这样做能节约多少？我说别人怎么做我不管，也管不了，问题是，在冲进去关掉水龙头的那一刻，我非常快乐。

如此，你就觉得多干活对你来讲不是吃亏，如此，生活和工作就成为一种快乐的载体。

在我看来，获得快乐有两种方式。

一是"忠"之快乐，像六祖惠能那样，啪的一下就能进入快乐的源头，那就是"忠"之快乐。

二是"恕"之快乐，就是

将加人，先问己；己不欲，即速已。

为什么一个人心存利他就会快乐？

因为利他可以让自己从患得患失中解脱出来。人的烦恼来自患得患失，而当一个人主动利他时，得失之患自动脱落。因为"得"恰恰不利他，"失"恰恰利他。

一个奖人人都在争，但是当我想到因为我的失去而使他人快乐时，这种失去就成为一种利他，我们就从患得患失中解脱了。既然"失"可利他，我们为什么要"患"？

一个人因为患得患失而产生的焦虑就消失了。

一个没有焦虑的人，当然快乐。

一个人要想获得彻底的喜悦，就要拔掉苦根。如何才能拔掉苦根？先要识得什么是苦根。最大的苦根是"我"。

拔掉这个苦根的方法是"转"：转身和转念。先从"转身"做起，再到"转念"。从"我"向"他"转身的过程，就是爱产生的过程，而人本质上是为完成爱心而来。

孟子有言："万物皆备于我矣。反身而诚，乐莫大焉。强恕而行，求仁莫近焉。"

这个"反身"，讲的既是转念，又是转身。

《弟子规》所列113件事，无非是舍我利他的途径，因此也是快乐的途径。在孝中体会快乐，在谨中体会快乐，在爱中体会快乐，在众中体会快乐，在信中体会快乐，在仁中体会快乐，在文中体会快乐。113 件事，113 眼快乐之泉。

为什么我们能够在"孝悌谨信爱仁文"中体会到快乐，因为它们是转身，是拔掉苦根用力的地方。

引导学生、引导我们的孩子在生命中寻找快乐，这是老师的天职，是现行教育需要补的课，也是整个社会需要补的课。当一个孩子从小就品尝过人格提供给他的快乐，那么我们就再不用担心了。曾经沧海难为水，除却巫山不是云。一些小引诱、小污染就影响不了他了。

《弟子规》所讲的六种精神，其核心还是讲伦常。为什么古人要如此大做文章地讲伦常？因为伦常是快乐。四大文明古国中，为何唯独中华民族能够屹立到今日？有一个很重要的原因，那就是中国人是注重伦常的，是讲整体性的。生命只有回归到整体之中，它才能绵延，才能传承，才能长久，因为伦常本身就是凝聚力。

当我们真的明白了根，明白了本性的时候，我们就会发现，既然我们大家都是一个统一体，那么大家在一起，本身就增加了快乐的量。所以，伦常是快乐的，它把一份快乐变成了一个整体性快乐，变成了众多的快乐。

孔子曰："夫孝，德之本也，教之所由生也"，也是快乐所由生也。

古人以孝为根，以悌忠信为本，以礼义廉耻为枝，以仁爱和平为华，使道德成为一棵常青树，也使个体的快乐成为一棵常青树，最终使整体快乐成为一片森林。

"君臣有义、朋友有信"，自然社会和谐，而"君臣有义、朋友有信"首先是因为"父子有亲，夫妇有别，长幼有序"。而这五伦的基础则是"父子有亲"。

"父子有亲"是天然，天然自然有灵，有灵自然凝聚。

老子讲得好："致虚极，守静笃；万物并作，吾以观其复。夫物芸芸，各复归其根。归根曰静，是谓复命。复命曰常，知常曰明。不知常，妄作凶。知常容，容乃公，公乃全，全乃天，天乃道，道乃久，没身不殆。"

这个"久"，是从"根"来，从"常"来，对于人类来说，五伦八德就是"常"，它并不是古圣先贤的发明，而是"自然"，本来就有的。

这个"本来"，就是坚固力，就是生命力，因为它从"本"来。

落地原则

不少学校把《弟子规》引入课堂，真是功德无量。但是我们一定要明白，《弟子规》绝对不单单是用来背诵和考试的。如果是用来背诵和考试的，那不如去背《道德经》和《论语》，更有文采，更养眼。

《弟子规》是要我们去实践的，是要变成我们的习惯，然后成为自然的。如果我们把《弟子规》比作一个面包，那么，只有"落地"，才会变成我们身体需要的营养和能量，否则，它和我们的生命没有任何关系。

荀子曰："学恶乎始？恶乎终？曰：其数则始乎诵经，终乎读礼；其义则始乎为士，终乎为圣人。"学习从哪里开始？在哪里结束？答曰：学习的方法，应当以诵读经文为起始，以研究礼法为目的。学习的意义，以做有志之士为起始，以成圣人为目的。

什么是礼？《弟子规》本身就是"礼"。它的目的是让我们"成人"。

现在，有些地区开始恢复成人礼，非常有意义，但是什么是成人，却众说纷纭。在我看来，一个孩子能够做到《弟子规》中所要求的，就是成人。

荀子曰："德操然后能定，能定然后能应，能定能应，夫是之谓成人。天见其明，地见其光，君子贵其全也。"内有定，外有应，才可称为成人。真是至理名言。那么，如何才能得定，如何才能善应？落实《弟子规》。前文讲过《弟子规》的六大精神，"根本、孝顺、自性"是定，"诚信、爱众、恭敬"是应。

有人说《弟子规》太简单了，不适合现代的孩子。说这话的人，他连《弟子规》的门都没摸着呢，也说明他压根就没有落实过，如果他尝试过落实，他就不敢说这种肤浅的话。且不要说 113 件事我们件件落实，就是一天做到一件，已经非常了不起了。

凡出言，信为先。

仅这一桩，我们可能都落实不了。有多少人能够做到保证一天不说谎话？嘀——短信来了，女的拿到阳台上去看，男的问，谁发来的呀？女的说是同事。是同事发来的吗？显然不是。这已经不是"信为先"了。

男士们可能有共同的体会，我们可能给妻子千金容易，可是要对妻子说一声道歉却非常难。但是，当有一天这个道歉终于说出口了，成功了，你会发现生命有一种大的超越，生活会有一个大的超越，很喜悦，很快乐。因此我想，造化为什么要创造家庭、创造夫妻？就是为了这个而来，就是让你在最近的地方，最日常的地方，最放松的地方，"见人善，即思齐，纵去远，以渐跻。见人恶，即内省，有则改，无加警"。这真是一个再好不过的炼心平台。在单位、在社会，不愉快时，你会忍过去，虚伪过去，但在家里面，难。因为它是家，所以你会卸下一切面具，脱下一切外套，一个最真实、最不伪装、最不提防的你被还原出来，这时，才是检验一个人是否达到真安详的时候。

但难并不意味着我们就要放弃。恰恰相反，快乐就在那个难里面。事实上难度和快乐是成正比的，那是一种超越的快乐。就像跳高运动员一样，不断地给自己增加超越的高度，每个高度都是纪录，每次都是破纪录，这样的生命是多么精彩啊！

那个不断增加的高度，就是人格的高度，就是生命的高度。

经过这样的一段熏习之后，你会突然发现，这两个月怎么这么平静呀，家里居然没发生一点事情。这时候你就觉着心里只有一种绝对的快乐，那是一种低潮的高潮。

生活进入一种低潮的高潮，意味着你的真快乐就要到来了，意味着安详就要到来了。

这个时候你就觉得来自家外面的一些小夜曲、小插曲、小品，再也引不起你的兴趣了，你会觉得待在家里面就能找到快乐的大海，这时，你就会觉得落地不单单是落地，它还是一个境界。

落地本身就是一个境界。

种子只有落地，才会开花结果。

我们可能不知道，"监狱"的本意是讲落地。"监"是一个人睁大眼睛弯腰看着面前的一盆清水。干嘛？质检，看自己脸上是笑容还是愁容。在我看来，不时"笑一笑"，就是最好的养生。同样要落地，一落地，你就会知道，"笑一笑"时，你的心咚的一下落地了，这时，我们发现，平时我们的心是悬着的、僵着的。我们会发现，我们的身体一直处在一种焦虑状态，脸上的肌肉是紧张的，五脏六腑是紧张的。为什么？因为我们的心是紧张的。

如何才能放松？落实《弟子规》。

"书中自有黄金屋，书中自有颜如玉"，并不是说一本书你读着读着就会读出一个美女来，不是这个意思。什么意思呢？就是你按古圣先贤的教导去做，你就会获得财富和成功，你按照古圣先贤的教导去做，就会变漂亮。为什么？因为古圣先贤的书几乎无一例外都是教你如何走进安详的，而安详的另一面就是漂亮。为什么？中医认为，生病是因为气不和。为什么气不和？心不平。为什么心不平？不安详。

有一天，一个朋友给我打电话，说他最近很烦，妻子患上了美容强迫症，他们夫妻二人的工资都不够妻子每月进美容院的，很是苦恼。我说没关系，你让她去看《水知道答案》，她就会知道，美容的秘诀是让非常非常多的人对她说"我爱你""我喜欢你""我感谢你"。为什么？因为人的体内70%是水，想想看，当70%的水纹变漂亮，人能不漂亮吗？新加坡有一位叫许哲的老太太，在110岁的时候还能做高难度的瑜伽动作，有人问，她的身体怎么那么柔软，我说那是因为她的心柔软。

最根本的落地是回家。但现代人走失了太久太久，已经无法找到回家的路了。

怎么办？落实《弟子规》，通过《弟子规》，走近安详，走进安详。

老子有言："合抱之木，生于毫末；九层之台，起于累土；千里之行，始于足下。"

荀子有言："不积跬步，无以至千里；不积小流，无以成江海。"

《弟子规》就是我们的毫末、累土、足下，就是我们的跬步、小流。

为此，我们一定要留心，不要让生活轻易滑过，不要让每一个情境轻易滑过。如果我们轻易放过一个情境，就等于我们放走了一个让生命成长的机会。要带着警觉去生活，去对照。早晨起来洗脸的时候，本来用一个度量的水就可以把问题解决了，但我却用了两个度量，错了；上楼的时候，如果楼层不太高，我们是否乘了电梯？如果是，错了；在班上，我们是否把一件事做到圆满？如果没有，错了；接电话的时候，我们是否让对方感到不舒服？如果是，错了；打印文稿的时候，我们是否双面打印？如果不是，错了；在食堂吃饭的时候，点的菜是否剩了很多？如果是，错了；是否用了一次性筷子？如果是，错了；抽餐巾纸的时候，是否一次抽了很多张？如果是，错了；打豆浆的时候，是否用了一次性塑料杯装的？如果是，错了；一粒米掉在餐桌上，是不是捡起来了？假如没有，错了；收杯盘的时候，碗里是否还有剩饭剩菜？如果是，错了；下班回家的时候，是否把空调和照明灯关上，把电源拔掉？如果没有，错了；在开小车和坐公车之间，是否选择了开小车？如果是，错了……

因为这些都不符合《弟子规》的精神。

如果我们错过了这些"毫末""累土""足下""跬步""小流"，我们就无法长成合抱之木，无法筑成九层之台，无法完成千里之行，无法成为江海。

　　银川有一位老师倡导"日行一善"教育，在当地很有影响。他让每个学生每天做一件好事，并且全程记录，最后编成一部书稿，拿给我看。我说非常好，但我对他说，还可以再进一步，就是从机械的"日行一善"中走出来，不要让学生早上一起来，就寻思到底是在西街捡一份垃圾呢还是在东街捡一份垃圾，这就错了。正确做法是，引导孩子在他的本分中发现并实践善。如果学生真正懂得了什么是善，那么他在一堂课上就可以完成一千件。

　　前面讲过，如果你懂得了本性，懂得了现场，这一刻你回到现场就是善，不在现场就是恶。为什么呢？古人说"错过是罪"，这个错过即指跟自己错过，跟本体错过。当你不在的时候，小偷进来了，这是一个对等。只要你不在家，小偷就会在家，总有一个在现场，因此最地道的善，是当家做主。对一个学生来讲，老师讲四十五分钟的课，你认认真真地听四十五分钟，就是无数的善。再比如说，当老师讲到善，你的内心中生起一个欢喜，给他一个呼应的眼神，也是一个善。如果在这一刻，心中稍稍有一个不愉快产生，一个逆反产生，就是一个恶。等等。

　　无心非，名为错；有心非，名为恶。

　　我跟这位倡导"日行一善"的老师讲，作为"日行一善"

的倡导者，一定要把"日行一善"内化成孩子的一种习惯和气质，让它和孩子的学习生活水乳交融，和他的本分水乳交融。

当一个人心里有了爱，他怎么做，做什么，结果都是爱。就像一个母亲，她站着，坐着，躺着，喂给孩子的都是奶。就像一个母亲，并没有按一种模式给孩子做饭，但每顿饭孩子都吃得津津有味。因此，最为关键的，我们要让孩子明白什么是真正的善。

老师要让学生怎么做，老师就要怎么做。现在，老师在办公室看电视剧，却让学生在教室里背《论语》，学生自然没动力。既然《论语》这么好，读着可安详，可治病，可快乐，老师你为什么不乐于其中啊？

因此，教学生好好学《论语》的最好办法是，老师站在讲台上，无须拿书，满口《论语》中的句子；下课之后，闲谈之中，也是《论语》中的句子，以身示教，学生自然心向往之。

胡玫拍的《孔子》不是十分成功，但有一点要肯定，那就是影片把《论语》情景化，让观众特别是青少年观众看到《论语》的"用"，让大家觉得《论语》不但可以作为学问，而且可以用来交流，用来提高交流水平，包括谈情说爱。

不力行，但学文；长浮华，成何人。

这是教育的常识。有一位女士在一篇文章中讲到，当年，她博览群书，寻找幸福的秘诀，一直寻了三十年，曾经有无数的文章、无数的方式，无数次让她感动，也无数次让她欣喜："这次终于找到幸福的秘诀了！"但结果却是无数次的失望，甚至绝望，直到后来她碰到了《寻找安详》，看到了其中的两句话："真正的阅读在'做'里，真正的幸福在'行'里。""读安详的书，做安详的事"。她才幡然醒悟，原来三十年她一直找不到幸福的原因，并不是读的有关安详的书不够，而是她没有让"读"变成"行"，缺了"做安详的事"这一课。接下来，她按照"安详原则"去做，当一件件细行在生命中落地时，她才发现幸福就在脚下，就在身边，就在床前，就在灶头，甚至就在以前让她觉得十分乏味甚至厌烦的工作里。

这也就是在电影院里，面对焦裕禄、孔繁森的感人故事，大家会一把鼻涕一把泪，但却很少有新的焦裕禄、孔繁森诞生的原因。因为我们一走出电影院，不过一个小时，又回到了惯性生活中，银幕上的那些细节，影院里的那些泪水，没有通过"行"转化成我们的血液和人格，因此无法成为真正的"学"。

可见，要想获得幸福美满的人生，"力行"是关键中的关键。

至此，我们便会明白，为什么《论语》开篇就讲，"学而时习之，不亦说乎"。因为只有如此，才会"有朋自远方来"，因为你已经是一个"说"的人，天下没有人愿意去找那些"非说"之人。也只有如此，你才会"人不知而不愠"，因为你的内心已经被"说"充满，被安详充满，再也不需要外在的幸福了，再也不需要来自浮名浮利的快乐了，再也不需要来自掌声和鲜花的快乐了。这时，我们也才能理解《孟子》中的这段对话：

> 孟子谓宋勾践曰："子好游乎？吾语子游。人知之，亦嚣嚣；人不知，亦嚣嚣。"曰："何如斯可以嚣嚣矣？"曰："尊德乐义，则可以嚣嚣矣。故士穷不失义，达不离道。穷不失义，故士得己焉；达不离道，故民不失望焉。古之人，得志，泽加于民；不得志，修身见于世。穷则独善其身，达则兼善天下。"

如果社会需要我服务，我则去服务，如果不需要，那我正好可以沉浸在本来就在的"说"里面，"反身为诚，乐莫大焉"。根本不存在得志不得志的问题，生命中最大的一个焦虑消失了。

改过原则

能亲仁，无限好；德日进，过日少；

不亲仁，无限害；小人进，百事坏。

不亲仁的结果是，小人进，百事坏，什么事都做不成。真是至理名言。在没有亲仁之前，我们的生命就像一团乱麻，当然无法成事。在没有亲仁之前，我们的生命就像埋在地下的一眼清泉，再好的滋养力也无从发挥，我们只有把它上面的泥沙清理干净，它才能涌出地面。

小人进，百事坏。这个小人，既指他人，也指自己。一个人如果没有仁作家底，或者说没有仁来看家，败家子就会出现，而且会越来越多，结果自然是百事坏。

因为仁是和谐力，也是复苏力，还是生命力。

那么，如何亲仁？

答案是，改过。

而要想改过，就要先识得过。如何识？拿《弟子规》作镜子照，把《弟子规》中的113件事，变成113面镜子，雷达一样跟踪自己，监控自己，合乎"规"的，放行，不合乎"规"的，逮住修正。

这就是《弟子规》的价值所在。比起"四书五经"，《弟子规》不够文采，不够华丽，但是它方便我们对照改过，它是113面镜子。一种知识，若不能供我们改过，我们就要警惕它，远离它，因为它仅仅只能给你长一些浮华而已。

不力行，但学文；长浮华，成何人。

子曰："法语之言，能无从乎？改之为贵；巽与之言，能无说乎？绎之为贵。说而不绎，从而不改，吾末如之何也已矣。"

对于至理名言，我们该抱着一种什么态度呢？以能够帮助自己改正错误为可贵。谦逊恭顺的话能不让人高兴吗？以能够分析一下对自己是否有帮助为可贵。只知道高兴却忘了分析，只知道顺从却无所改正，这种人我是没有什么办法了。

这也就是为什么那么多的高级知识分子、高学历者找不到幸福的原因。所以，我们一定要区别有用的知识和无用的知识。如果你学富五车，但却没有从《弟子规》所列113件事做起，那你学这么多古圣先贤的教导没用啊。

所以经典是让我们作为镜子来用的，是让我们对照着来改过的。如果你不去改过，即使你把所有经典都背得滚瓜烂熟，没用，那只是增加一些负担而已，消耗一些脑细胞而已。

改过是一个人获得解放和自在的道路。

王阳明说："夫过者，自大贤所不免，然不害其卒为大贤者，为其能改也。故不贵于无过，而贵于能改过。"只要是人，总会犯错误的，包括圣贤，但圣贤的伟大之处在于他们犯而能改。

有过错却不思悔改，则必然导致更大的过错。

过能改，归于无；倘掩饰，增一辜。

一个错误发生了，你改掉它，就等于零，不改呢，就增加了一个错误，成为两个错误。两个错误当然要比零错误让生命负累。而一个人总是不改过，或者说总是文过饰非，结果无疑是错误成几何倍数增加，错误的雪球越滚越大，最后，生命就被这个庞然大物压垮了，拖垮了，或者吓垮了。有不少人的后半生，都是为文饰或掩盖前半生的错误活着，而这种文饰和掩盖本身又是更大的错误，这列一错再错的列车，再也无法停下来了。

这种人生，还有幸福可言吗？

因此，孔子谆谆教导我们："过则勿惮改！"

要想真正改过，我们需要认同，生命的意义就在于向圣人看齐。"君子食无求饱，居无求安，敏于事而慎于言，就有道而正焉，可谓好学也已。"活着的意义是什么呢？不在于吃得多好，穿得多好，玩得多好。那是什么呢？"就有道而正焉"。

"有道"在何处？经典。作为一个常人，我们每天都不可以离开经典。古人认为经典是每天都不能离身的，早晨起来，先读经典，就知道我今天应该怎么做。一天结束，再读经典，以此对照我做到了吗。就像袁了凡，画一个功过格，看看我今天做的好事多呢，还是坏事多，看看我道德的存折上进了多少，出了多少，是赤字还是盈利呢。明吕坤说："只竟夕点检，今日说得几句话，关系身心；行得几件事，有益世道。自谦自愧，自恍然独觉矣！"

为此，朱子在《家训》中言："黎明即起，洒扫庭除，要内外整洁；既昏便息，关锁门户，必亲自检点。"

为此，荀子在《劝学》中言："故木受绳则直，金就砺则利。君子博学而日参省乎己，则知明而行无过矣！"

而《弟子规》，正为我们每天检点自己提供了最为方便最好操作的参照。

要想真正改过，我们必须把自己变成勇士，因为改过需要勇力，因为习气的力量非常强大，我们要想战胜习气，就需要对等的力量和勇气。因此改过的过程，也是强大我们自己的过程，提高我们心力的过程。这样培养出来的心力，将会是我们成长道路上的力量，也是我们成功道路上的力量。如果这种和习气作斗争的力量没有成长，也就意味着我们不会有足够的力量成就事业。

这种勇力需要知耻心和敬畏心作后盾。一个人能够勇猛改过，一定是他的知耻心和敬畏心生起了。宋儒李觏说："过而不能知，是不智也；知而不能改，是不勇也。""孟子曰：'耻之于人大矣。'以其得之则圣贤，失之则禽兽耳。"袁了凡认为这个耻，既是圣贤和禽兽的分水岭，当然也是改过的推动力。而敬畏的关键是承认宇宙间有第一逻辑在，即使我们设法瞒过了人，也瞒不过第一逻辑。因为"吾虽过在隐微，而天地鬼神，实鉴临之"。即使我们做得再隐秘，但天地鬼神，看得一清二楚，因此千万不要行在邪径，欺在暗室。

要想真正改过，需要我们牢牢记住一点，那就是先从自己改起，千万别盯着他人。

孟子说："君子所以异于人者，以其存心也。君子以仁存心，以礼存心。仁者爱人，有礼者敬人。爱人者，人恒爱之；敬人者，人恒敬之。有人于此，其待我以横逆，则君子必自反也：我必不仁也，必无礼也，此物奚宜至哉？其自反而仁矣，自反而有礼矣。其横逆由是也，君子必自反也：我必不忠。自反而忠矣。其横逆由是也，君子曰：此亦妄人也已矣。如此，则与禽兽奚择哉？于禽兽又何难焉？是故君子有终身之忧，无一朝之患也。"

孟子还说："行有不得者，皆反求诸己，其身正而天下归之。"

这几年，有许多"硝烟弥漫"的家庭当事者让我讲讲如何重归安详。我说，办法只有一条，先从自己做起，不要试图改造对方。如果你试图改造对方，对方还试图改造你呢。如此，安详永远回不到家庭。有些现代人犯的一个重大错误是，眼睛永远盯着他人，唯独看不到自己，永远想教导别人，那就永远没有结果。

即便是错误真在对方，也要在自己身上找原因。

正如张载在《正蒙·中正》中说："过虽在人，如在己，不忘自讼。"

要想真正改过，我觉得必须做好过面皮关的准备。夫妻闹别扭，僵着，几天不说话，怎么办？如果没有谁愿意主动承认错误，那就会无限度地僵下去。这时，一个人先软下来，就成了善。表面上看，先软下来的人像是认了输，其实不然。真正输了的是后软下来的那个人。这个过程中，儿女是评委，在儿女的心目中，先软下来的那个人最伟大。

在社会上也同样，当一个人能够面对大家承认错误，恰恰会赢得大家的理解和尊重。

要想真正改过，我们要把所有人看成老师。吕坤说："常看得自家未必是，他人未必非，便有长进；再看得他人皆有可取，吾身只是过多，更有长进。"夫子讲得更加明白："三人行，必有我师焉，择其善者而从之，其不善者而改之。"

> 见人善，即思齐；纵去远，以渐跻。
> 见人恶，即内省；有则改，无加警。

我们既要在内心深处感激那些善人，也要深深感激那些恶人。因为通过善，我们能够思齐，通过恶，我们能够加警，这样我们既站在巨人的肩膀上，也借助人之恶少走了许多弯路，因此，这些恶，变成了善。

改过进行到一定程度，你会纳闷，怎么越改错误越多。这个时候大家千万不要沮丧，这恰恰说明我们进步了。就像一盆水，只有在它清静下来时，才能照见人影，水越清越静，人影就越清晰。事实上，未改之前，我们的错误更多，只是我们心里的那盆水是浑浊的，无法照到自己而已。当我们改到一定程度，心中的那盆水越来越清，越来越静，一切行踪都映照在其中，因此就觉得错误越来越多。正如一件黑底衣服，我们不容易发现它的脏，但是一件白底衣服，有一点脏我们就不可忍受，也是这个道理。

改过进行到一定程度，你还会发现，错误会伪装，有时会伪装成崇高，有时会伪装成善良，有时会伪装成仁义，如果我们没有足够的警惕，就会上当受骗，习气会借助这种崇高、善良、仁义大行其道。因此，只有当一个人能够辨别真假错误，他才能真正做到改过。否则，改过的过程，也可能是再犯错误的过程。

改过如牧牛。习气就像刚刚出圈的牛犊，需要我们用力拉紧缰绳放牧。过上一段时间，缰绳可以放松了。再过上一段时间，可以不用缰绳了，但牧牛人手中还需要一个鞭子，还需要不时挥舞一下鞭子。再过上一段时间，连鞭子也不需要了，只需跟着。再过上一段时间，连跟着都不需要了，牛可以自己吃草了，主人可以躺在田头睡大觉了，只等向晚一声呼唤，牛就会自己回来，跟主人回家。

如果我们要想获得安详，就要认真牧牛，这头牛，就是习气，这个牧牛者，就是我们的本体。当有一天主人离开，牛也不会去吃人家的庄稼，不会走失，改过完成。

再过一段时间，人牛双忘，大功告成，"随心所欲而不逾矩"的境界到来。

起初，《弟子规》是缰绳，接着是鞭子，最后，变成牧牛人甜美的鼾声。

改过和觉悟可以互相考量。错误存在时，肯定不在觉悟中，

不在觉悟中，错误肯定会发生。这时，我们突然会发现，能够制止错误的那个正是我们的本体，换句话说，当本体露面时，错误自动终止。

六神无主，讲的就是习气和错误主宰我们的状态，当一个人六神有主时，他才会不做错事。因此，让"主"回到"六神"成了改过的关键。

由此，改过的过程就成了认识本体的过程，接近本体的过程，获得喜悦的过程。改掉一个错误，相当于进了一笔财富；改掉一个错误，相当于被提拔一次；改掉一个错误，相当于获得一次爱情。并且这种进账，这种提拔，这种获得将是一得永得，而不像财富、权力、爱情还会得而复失。

当改过成为一种自觉时，我们会发现，觉悟不单单是一种境界，它还是能量。它是连接整体能量和个体能量的通道，就像阳光，它本身是道路，也是能量。一个人只有拥有了觉悟力，才真正拥有生命力。

而这个觉悟力，正是来自改过，来自对习气的大无畏超越。

改过的最后功夫在一个我们再熟悉不过的词语里，那就是"观念"。

细看"观念"这个词，我们就会明白如何改过：盯着我们的念头，不要试图消灭它，只是盯着，久而久之，我们会发现，每一个念头的根上，都连着"观"，或者说每一个念头的背面，都有"观"，这个"观"，就是我们的觉悟力。当有一天，我们的"观"在任何时空点上都能够驾驭"念"，御念而行时，我们才能驾驭我们的人生，才能找到我们的安详和幸福。

因此，让"观"成为主导力量的过程，就是改过功夫成熟的过程。

再过一段时间，我们会发现，"念"成了"观"的助手，或者说是助力，或者说是燃油、土壤，为"观"所用。化敌为友，讲的就是这个道理。

因此，恶并不可怕，习气并不可怕，可怕的是我们没有驾驭力，没有驯服力。

这时，我们再来看通常意义上的"观念"，也会有新的理解，那就是，只有在正确观念指引下的行动才是"成功"，才会成为一个功德，否则，都是"事"和"业"，也就是我们通常所讲的所谓"事业"。一切活动，如果没有觉悟力做前提，那么我们就有可能制造新的错误。

榜样原则

榜样太重要了。

给大家说说我的恩师刘富荣，虽然他做我的班主任时，我已经上初三了，但我依然认为他是我最为重要的一位启蒙老师。

一天的数学课上，班长让大家自习，说刘老师回老家做新郎官去了，入洞房去了！教室里一下子炸开了锅！不想就在这时，刘老师却从教室门外进来了，整个人就像是刚从蒸笼里出来的一样，头上身上都在冒汗，那双黄色的军用鞋已经湿透了。

后来去过老师的老家之后，我做了一个估计，从老师家到学校，步行至少需要六个小时，就是说，老师大概没有在洞房待过两小时。

从另一个角度讲，老师是不是有点残忍？把人家新娘扔在家里。

说来大家可能不会相信，刘老师教了我们两年，居然没有换过外衣。有一次上课，在黑板上写字时，露馅了。老师打着补丁的旧衣服下面，居然是一件新衣服！仔细一看，旧领子下面确实有一个新领子，因为风纪扣系得很严，刚进来我们都没有发现。再仔细观察，我们发现老师在那一周之内很害羞，原因是穿了一件新衣服。

此前，他都是周六把衣服洗掉，晾干，周一再穿。

要毕业了，班里每位同学都凑了两角钱，给每一位任课老师买了一个洋瓷盆，上面写着"将台中学八二级初三二班全体同学留念"。但给刘老师的却无法送到他手中。他知道我们要送礼物，一直不开宿舍门。后来另一位老师在窗外给他说，马上要毕业典礼了，学生们都在等你。刘老师才开了门，收下盆子，却提了一个条件，说你们稍稍等我一会儿，然后跑步出去了。

一会儿回来，我们已经排队准备往操场参加毕业典礼了。刘老师气喘吁吁地站在我们面前，右手提着一大摞毕业证，左手攥着一大把钱，不知从哪儿换来的新崭崭的一叠钱。他说，同学们的礼物我收下，但是这两角钱你们必须收下。大家说怎么可能啊，这是我们给老师的一份心意。老师说你们的心意我领了，但是这两角钱你们必须收下。我们当然不能收这两角钱。最后，老师拿出了撒手锏，好，你们不收这两角钱，我就不发毕业证。大家只好抹着眼泪把那两角钱收下了。

随着岁月的流转，这个细节在心中的分量越来越重，重到每每想起就一阵心疼。

　　2007 年，我忝列鲁迅文学奖获奖人，从绍兴领奖回来，第一时间就到老师任教的西吉县平峰中学看望老师。一进老师的宿舍，我的眼泪就下来了。不到二十平方米的房间，一边是办公桌，一边是床，一边是灶，一边堆着炭，门后立着一辆破旧的自行车，轮胎上沾满了泥。这么一个仅可容身的小房子，既是办公室，又是卧室，还是厨房，但老师却是一脸的快乐，快乐到无以复加，这是我从他的目光深处读到的。

　　过了一会儿，老师把抽屉拉开，说，文斌你看，你写给我的信我都保存着呢。

　　厚厚的一沓信在老师手中错落开来，那是我在人生的不同阶段写给老师的信，既有在邮局买的信封，也有印着不同单位名称的公用信封，散发着过去岁月的气息。

　　真是无法描述当时心中的感受。

　　早知道老师会如此精心地收藏这些文字，真应该每天写一封才对。

　　在我的印象中，刘老师没有批评过哪位学生，但学生都十分尊敬他，也怕他。班里有几位捣蛋的学生，在别的老师上课时，老是不安生，但在刘老师的课上却是乖孩子。

　　记得我有次在课上打盹，被刘老师叫起来，当时自己都紧张坏了，不想老师却无比和蔼地问我，昨晚是不是没睡好？我惭愧地点了点头。老师笑了笑说，背哪一篇？

　　我说，《岳阳楼记》吧。

这就是刘老师，在他的数学课上，学生开小差或者打瞌睡，处罚方式却是让该生站起来背一段古文。

送走我们后，刘老师也调到县教师进修学校任教。可是不到两年，他就坚决要求调回平峰中学，在那里过且耕且教的生活，周六周天回家种地，周一至周五教学。

由此可以证实，老师新婚之夜让师娘独守空房，夜行百里来给我们上课，绝对不是因为他和师娘的感情不好，而是不愿意耽误一堂课。

一个人的心中装着这么一位老师，存着这么一些细节，他会觉得无比幸福；一个人的心中装着这么一个人，他会觉得无比富有。因此，我一直给儿子讲，心中一定要装几位这样的人，要么孔子，要么范仲淹，要么就是像刘老师这样的人，把他作为一本书去读，你的人生就会有一个动力，有一个标杆，有一个灯塔，你就不会走错路，走弯路。

行高者，名自高；人所重，非貌高。
才大者，望自大；人所服，非言大。

势服人，心不然；理服人，方无言。

汉文帝刘恒，以仁孝治国，国家兴旺，人民安居，首先是因为他给全国人民作出了榜样。母亲卧病三年，他常常目不交睫，衣不解带；母亲所服的汤药，他亲口尝过后才放心让母亲服用。给后人树立了一个典型：时疾并不难医，只要君王汤药亲尝。

韩国有一个明星李孝利，倡导低碳生活，身体力行，她要求自己尽量减少洗衣服的次数，为什么？因为洗衣服用的清洁剂会污染地下水。如果不小心把油渍溅到衣服上，她不会去洗，而是在油渍上绣一朵花。当她站在你面前，你会看到一棵开花的树，她的表情也像花朵。她不穿皮草，不穿皮鞋，不背皮包，吃穿用度，全是低碳标准。"衣贵洁，不贵华；上循分，下称家"。

对饮食，勿拣择；食适可，勿过则。

若衣服，若饮食；不如人，勿生戚。

从前有位老人，跟儿子、儿媳和孙子住在一起。

老人老得连路都走不动了，眼睛花，耳朵背，双膝还经常不停地发抖，吃饭时汤匙也握不稳，常常会把菜汤洒在桌布或地上。

儿子和媳妇都嫌弃他。

有一回，老人吃饭时，又把汤泼了一地，碗也摔碎了。

媳妇大为生气，指着老人的鼻子大声嚷道，你怎么吃的饭！天天把汤泼一地，还把碗都给摔碎了，尽给我添乱！你知道我一天多忙吗？想把我累死呀！

于是，他们不许老人上桌吃饭了。

吃饭时，把他赶到灶后的角落里，给他一只瓦盆，瓦盆里只有一点点饭菜。老人每顿饭都吃不饱，还经常挨骂。

老人伤心极了，常常一个人在灶后的角落偷偷流泪。

有一天，老人的手颤抖得连那只瓦盆都端不稳了，瓦盆掉到地上打碎了。

儿媳妇没完没了地训斥，老人一声不吭，只是不住地叹气。

后来夫妻俩商量：咱这爹，什么都能被他摔碎，长此下去，咱得花多少钱给他买碗买盆呀，得想个办法，什么东西是不容易摔碎的呢？对了，用木头给他做个碗。于是，儿子找来了一块木头，开始动手做木碗。一会儿工夫，木碗就做好了。

媳妇正想把碎木片清除出去，老人四岁的小孙子跑了过来，把地上的碎木片拾掇到了一起。

"你这是干什么？要这些没用的碎木片做什么用？"老人的儿子问。

"我要把这些碎木片做成一只木碗，留着它，等我长大了，拿它给爸爸妈妈吃饭用。"

儿子和媳妇面面相觑，最后哭了起来。他们终于明白，自己的所作所为，孩子都看在眼里，记在心上。

从此，他们不再将老人赶到角落里吃饭，而且，即使老人泼了点什么，他们也不再说什么了，对老人也越来越好了。

这个在民间广为流传的故事，真是讲尽了榜样的奥义。

要让孩子落实《弟子规》，我们首先要做到，否则没有号召力。最有效的教育就是做给孩子看。你在那儿看电视、上网、打麻将、猜拳行令，却让孩子好好做作业，没效果。教育不是别的，教育就是做给孩子看。推广《弟子规》的最好办法，就是推广者先力行。

一半原则

这是我近年自不量力的一个倡导，因为它有助于我们寻找安详，也有利于我们落实《弟子规》的精神。

通常情况下，度需要量来把握。拿吃饭来讲，纯粹一顿饭不吃容易做到，一顿吃得特别多也容易做到，最难做到的是在中途把筷子放下来。也许有人会问，我为什么要把饭量控制到一半呢？答案是，它有利于消除我们的焦虑。所以当一个人这时候想到，有位作家说过，"要过一半的生活"，那我现在，已经很好了，把更多的时间拿来享受生命吧，体味快乐吧，服务苍生吧，这时候你就会发现，幸福就在缓下来没有迈出去的这一步中间，就在这一转身中间，就这么简单。

一半里面有幸福。

蔼蔼堂前林，中夏贮清阴。

凯风因时来，回飙开我襟。

息交游闲业，卧起弄书琴。

园蔬有余滋，旧谷犹储今。

营己良有极，过足非所钦。

春秫作美酒，酒熟吾自斟。

弱子戏我侧，学语未成音。

此事真复乐，聊用忘华簪。

遥遥望白云，怀古一何深。

这是陶渊明的《和郭主簿二首》之一。夏天的中午，午睡起来，独对堂前林阴，开卷，抚琴，清风徐来，掀我衣襟；自斟，自酌，想到所储谷蔬正好，过多了反而不是他所需要的；幼子绕膝，牙牙学语，遥望白云，华簪忘尽。这一切，都多么让人知足和快乐啊。

我们完全可以体味诗人内心那种难以言表的欣慰和喜悦，这种喜悦来自他与天地造化的深深默契：适时、适量，适道，不求过多，亦无须过多。

再看孔子之叹："贤哉，回也，一箪食，一瓢饮，在陋巷，人不堪其忧，回也不改其乐。"如此简陋的生活，换了别人，将会是多么担忧啊，但颜回却不改其乐。

正是，我生本无乡，心安是归处。

现代社会之所以出现了许多病相，就是因为欲望和自私的一边倒，欲望和自私没有理性节制，就成了灾难的代名词。就拿道德病相来说，就是因为现代教育忽略了一半原则。我们都知道，知识和技能差不多成了现代教育的全部，如果品德教育和技能教育各占一半，现代教育和传统教育各占一半，赏识教育和挫折教育各占一半，道德病相就不会如此严重。

清代石成金在《传家宝》中说："以爱妻之心爱亲，则大孝；以保家之心保国，则尽忠；以责人之心责己，则寡过；以恕己之心恕人，则全交。"但现在的情况是，爱妻大于爱亲，保家大于保国，责人大于责己，恕己大于恕人。

对此，一半原则就有可能是一个提醒。

清人戴震在《孟子字义疏证》中说："天理者，节其欲而不穷人欲也。是故欲不可穷，非不可有；有而节之，使无过情，无不及情，可谓之非天理乎？"

一半原则，就是让情和欲有一个"节"，一个度，让它符合天理。

细想一下，这个节度，本身就是仁，就是爱。

如果每个人都过一半的生活，把桌上的饭菜减少一半，把用水减少一半，把用煤减少一半，把用电减少一半，把用地减少一半，把房子的面积减少一半，意味着什么？意味着给我们的子孙后代省下一倍的资源。

同时，这本身也是对大地母亲的孝，对环境的悌，对时空的谨，其本质是泛爱众，是亲仁。因此，只要我们按照一半原则生活，就是落实《弟子规》精神。

同样，对于国家来说，如果每个公职人员都能够把公心和私心做一半分配，那行政效率会大大提高。

一半里面有和谐。

想想看，如果这个世界没有女人，只有男人，或者没有男人，只有女人，将是一个什么情景。

想想看，如果这个世界没有白天，只有黑夜，或者没有黑夜，只有白天，将是一个什么情景。

白天和黑夜，男和女，阴和阳，都是一半。

细想起来，生命的秘密就在"一半"中。孩子刚生下来，先要呼一口气，就是这个道理，因为这一呼，吸到来，如果没有这一呼，吸就无法到来，呼和吸，各一半。

工作和睡眠，各一半，如果一个人只工作不睡眠，或者只睡眠不工作，灾难就会发生。

显见，"一半"是宇宙法则。

而我们主动过一半的生活，就是和宇宙法则相应，和宇宙法则相应，就是安详。

这时候，我们就能够明白《弟子规》为什么要讲：

衣贵洁，不贵华；上循分，下称家。

对饮食，勿拣择；食适可，勿过则。

因为"洁"是"华"的一半，"上"是"下"的一半。

而"勿拣择""适可""勿过",正是"一半"的方法论。一半里面有奥妙。

过一半的生活意味着我们把省下的那一半时空留给心灵，留给天机。庄子讲："其耆欲深者，其天机浅。"因为耆欲深者，通往天机的道路被"欲"堵死了，过不去了。而过一半的生活，就是在通往天机的道路上留一道口子。

登山家蒙克夫·基德，在未带氧气瓶的情况下，多次跨过 6500 米的死亡线，最终登上了世界第二高峰——乔戈里峰。这一壮举 1993 年被载入吉尼斯世界纪录。在颁发吉尼斯纪录证书的记者招待会上，他这样描述无氧登山的奥秘："无氧登山的最大障碍是欲望，因为在山顶上，任何一个小小的杂念都会使人感觉到需要更多的氧气。我之所以取得成功，就是因为我学会了清除欲望和杂念。"

蒙克夫·基德一语道破了欲望和杂念对生命力的伤害，也暗喻了成功的秘诀。

这让我们明白，一个人过一半的生活，意味着获得了一倍的天机，一倍的生命力。

和天机相对应的是心机，现代人犯的一个致命错误是心机算尽，却独独丧失了天机。一半生活方式可以提醒人们放弃一部分心机，留一些心灵的空隙，让天机的阳光洒进来。钟鼓之所以能鸣，是因为它们学会留一些空间给自己，如果当初它们把自己填满，振聋发聩之声就无从诞生。

当然，我们要让现代人像庄子讲的神人那样，"肌肤若冰雪，绰约若处子；不食五谷，吸风饮露；乘云气，御飞龙，而游乎四海之外"，达到一种"无功""无名""无己"的境界事实上是不可能的，但是我们可以降而求其次，那就是过一半的生活，留一半的空间给心灵，让那一半的心灵"乘天地之正，而御六气之辩"，"独与天地精神往来"。这样我们的生命就多了一些诗意，多了一些逍遥游，同时多了一分力量。

一个人长期过一半的生活，他渐渐地会摆脱对物质的过度依赖，而一个人只有摆脱对物质的过度依赖，才有真正的解放可言，才有真正的自由可言，也才有真正的幸福可言。

要让人们自愿过一半的生活，还要大家明白，上苍赋予我们的幸福是一个总量，过一半的生活意味着我们把生命延长了一倍。

古人讲的惜福就是这个道理。

我们生命的存折上就那么多钱，省着花就是另一种培福。

懂得了这个道理，我们就会发现挥霍其实就是挥霍生命本身。

前文已述，最大的精神享受是奉献，是利他，是忘我，而"一半生活"、极简生活，本身就是利他。我们把过量的那部分进食留出来，就意味着有一个快要饿死的人有了生的可能；我们把过量的那部分衣服留出来，就意味着有一个快要冻死的人有了生的可能；我们把过量的那部分欲望降下来，就意味着有很多失学的孩子有了上学的可能，许多因贫穷流浪的人有了重返家园的可能，等等。

　　"一半"和"极简"本质是"让"，让利于他人，让利于环境，让利于自然，让利于和谐，让利于科学发展，最后它又变成爱国，爱民族，爱人类。

附 录：　　　《弟子规》[①]诵读

【清】李毓秀[②]

【总叙】

弟子规　圣人[③]训　首孝悌[④]　次谨信

泛爱众　而亲仁　有余力　则学文

【入则孝】

父母呼　应勿缓　父母命　行勿懒

父母教　须敬听　父母责　须顺承

冬则温　夏则清　晨则省[⑤]　昏则定[⑥]

①《弟子规》：原名《训蒙文》，李毓秀根据朱熹《训蒙须知》改编而成，贾存仁修订并改为《弟子规》。
②李毓秀：字子潜，山西新绛人，清代国学生员。
③圣人：孔子。《论语·学而》："弟子入则孝，出则悌，谨而信，泛爱众，而亲仁，行有余力，则以学文。"
④悌：敬爱兄长。
⑤省：向父母问安。
⑥定：安定，这里指安排枕席，伺候父母入睡。

出必告　反必面　居有常　业无变

事虽小　勿擅为　苟擅为　子道亏

物虽小　勿私藏　苟私藏　亲心伤

亲所好　力为具①　亲所恶　谨为去

身有伤　贻亲忧　德有伤　贻亲羞

亲爱我　孝何难　亲憎我　孝方贤

亲有过　谏使更　怡吾色　柔吾声

谏不入　悦复谏　号泣随　挞无怨

亲有疾　药先尝　昼夜侍　不离床

丧三年　常悲咽　居处变　酒肉绝

丧尽礼　祭尽诚　事死者　如事生

【出则悌】

兄道友　弟道恭　兄弟睦　孝在中

财物轻　怨何生　言语忍　忿自泯

或饮食　或坐走　长者先　幼者后

长呼人　即代叫　人不在　己即到

称尊长　勿呼名　对尊长　勿见能

路遇长　疾趋揖　长无言　退恭立

骑下马　乘下车　过犹待　百步余

①贻：遗留。

长者立　幼勿坐　长者坐　命乃坐
尊长前　声要低　低不闻　却非宜
进必趋　退必迟　问起对　视勿移
事诸父　如事父　事诸兄　如事兄

【谨】

朝起早　夜眠迟　老易至　惜此时
晨必盥　兼漱口　便溺回　辄净手
冠必正　纽必结　袜与履　俱紧切
置冠服　有定位　勿乱顿　致污秽
衣贵洁　不贵华　上循分①　下称家②
对饮食　勿拣择　食适可　勿过则
年方少　勿饮酒　饮酒醉　最为丑
步从容　立端正　揖深圆　拜恭敬
勿践阈③　勿跛倚④　勿箕踞⑤　勿摇髀⑥
缓揭帘　勿有声　宽转弯　勿触棱
执虚器　如执盈　入虚室　如有人

①循分：遵循名分。
②称家：行事和自己的家庭条件相符合。
③践阈：踩踏门槛。
④跛倚：歪斜倚靠某物。
⑤箕踞：两腿叉开蹲着或坐着。
⑥摇髀：摇晃大腿。

事勿忙　忙多错　勿畏难　勿轻略
斗闹场　绝勿近　邪僻事　绝勿问
将入门　问孰存　将上堂　声必扬
人问谁　对以名　吾与我　不分明
用人物　须明求　倘不问　即为偷
借人物　及时还　后有急　借不难

【信】

凡出言　信为先　诈与妄　奚可焉
话说多　不如少　惟其是　勿佞巧
奸巧语　秽污词　市井气　切戒之
见未真　勿轻言　知未的　勿轻传
事非宜　勿轻诺　苟轻诺　进退错
凡道字①　重且舒　勿急疾　勿模糊
彼说长　此说短　不关己　莫闲管
见人善　即思齐　纵去远　以渐跻②
见人恶　即内省　有则改　无加警
惟德学　惟才艺　不如人　当自砺
若衣服　若饮食　不如人　勿生戚③

①道：吐字发音，发言，说话。
②跻：使自己上升到某种行列、位置。
③戚：忧愁，悲哀。

闻过怒　闻誉乐　损友来　益友却
闻誉恐　闻过欣　直谅士①　渐相亲
无心非　名为错　有心非　名为恶
过能改　归于无　倘掩饰　增一辜

【泛爱众】

凡是人　皆须爱　天同覆　地同载
行高者　名自高　人所重　非貌高
才大者　望自大　人所服　非言大
己有能　勿自私　人所能　勿轻訾
勿谄富　勿骄贫　勿厌故　勿喜新
人不闲　勿事搅　人不安　勿话扰
人有短　切莫揭　人有私　切莫说
道人善　即是善　人知之　愈思勉
扬人恶　即是恶　疾之甚　祸且作
善相劝　德皆建　过不规　道两亏
凡取与　贵分晓②　与宜多　取宜少
将加人　先问己　己不欲　即速已
恩欲报　怨欲忘　报怨短　报恩长

①直谅士：正直诚实的人。《论语·季氏》："友直，友谅，友多闻，益矣。"
②分晓：明白，清楚。

待婢仆^①　身贵端　虽贵端　慈而宽
势服人　心不然　理服人　方无言

【亲仁】

同是人　类不齐　流俗^②众　仁者希
果仁者　人多畏　言不讳　色不媚
能亲仁　无限好　德日进　过日少
不亲仁　无限害　小人^③进　百事坏

【余力学文】

不力行　但学文　长浮华　成何人
但力行　不学文　任己见　昧理真
读书法　有三到　心眼口　信皆要
方读此　勿慕彼　此未终　彼勿起
宽为限　紧用功　工夫到　滞塞通
心有疑　随札记　就人问　求确义
房室清　墙壁净　几案洁　笔砚正
墨磨偏　心不端　字不敬　心先病

①婢仆：婢女和仆人
②流俗：世俗之人。
③小人：此处指人格卑鄙的人。

列典籍^①　有定处　读看毕　还原处

虽有急　卷束齐　有缺坏　就补之

非圣书^②　屏勿视　蔽聪明　坏心志

勿自暴　勿自弃　圣与贤^③　可驯致

①典籍：记载古代法制的图书，这里泛指各种图书。
②圣书：圣人所传之书，指儒家经典。
③圣与贤：圣人和贤人。圣人，旧时指品格最高尚、智慧最高超的人物。贤人，有才德的人。